–
믿음은
물러서지
않는다

예수의 이름으로 승리하는 영적 전쟁

믿음은 물러서지 않는다

지은이 | 박성규
초판 발행 | 2016. 12. 26.

등록번호 | 제1988-000080호
등록된 곳 | 서울특별시 용산구 서빙고로 65길 38
발행처 | 사단법인 두란노서원
영업부 | 2078-3352   FAX | 080-749-3705
출판부 | 2078-3331

책 값은 뒤표지에 있습니다.
ISBN 978-89-531-2724-1 03230   Printed in Korea

독자의 의견을 기다립니다.
tpress@duranno.com   www.duranno.com

두란노서원은 바울 사도가 3차 전도여행 때 에베소에서 성령 받은 제자들을 따로 세워 하나님의 말씀으로 양육하던 장소입니다. 사도행전 19장 8-20절의 정신에 따라 첫째 목회자를 돕는 사역과 평신도를 훈련시키는 사역, 둘째 세계선교(TIM)와 문서선교 (단행본·잡지) 사역, 셋째 예수문화 및 경배와 찬양 사역, 그리고 가정·상담 사역 등을 감당하고 있습니다. 1980년 12월 22일에 창립된 두란노서원은 주님 오실 때까지 이 사역들을 계속할 것입니다.

믿음은 물러서지 않는다

예수의 이름으로 승리하는 영적 전쟁

박성규 지음

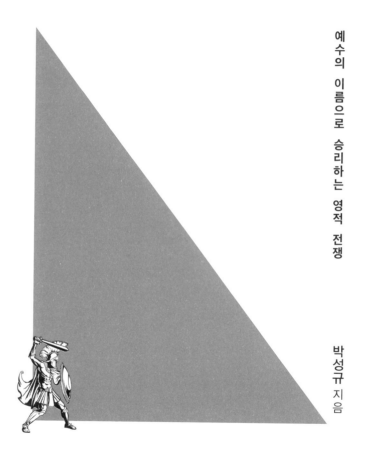

두란노

이 시대를 살아가는 목회자로서 성도들 개인의 삶, 그들의 가정
생활, 사회생활, 교회생활에 대한 아픔을 느끼고 있습니다. 그
아픔은, 성도가 마땅히 가지고 누려야 할 영광이 성도 개인과 가
정과 사회생활 및 교회생활에서 사라지고 도리어 수치와 부끄
러움이 그 삶 전체를 덮고 있는 것입니다. 우리의 모습은 마치
전투에서 패배한 군인같이 치욕스럽고 불명예스럽습니다.

저는 이런 수치와 불명예의 원인을 영적 전쟁의 패배에서 찾
았습니다. 마귀는 파괴자입니다. 성도 개인의 신앙과 인격과 삶
을 파괴하고 행복한 가족 관계, 따뜻한 이웃 관계, 천국의 예고
편을 경험해야 할 교우들의 모든 관계를 무너뜨리는 존재인 것
입니다.

또한 마귀는 우리의 마음을 유혹해서 우리를 무너뜨립니다.
누군가를 미워하고 없는 말을 지어내어 상대를 괴롭히는 것을

승리라고 착각하게 만들어서 우리의 모든 인간관계를 파괴합니다. 더 나아가 하나님과의 관계까지 불편하게 만듭니다.

그럼에도 우리는 이 사실을 모른 채 마귀의 심리전에 속아서 패배당하고 있습니다. 마귀는 심리학 박사입니다. 위장의 천재, 속임수의 대가입니다. 그런데 우리는 그런 마귀에게 속아서 아군을 죽이기도 합니다. 나를 파괴하고 가족과의 관계를 파괴하고 이웃과의 관계를 파괴하고 교우들의 삶을 파괴하는 것입니다.

그러므로 우리는 반드시 영적 전쟁을 분별해야 합니다. 이 책에서 다루는 영적 전쟁은 귀신을 쫓아내는 축사(逐邪)를 말하는 것이 아닙니다. 성경 에베소서에 나온 우리의 인격을 비집고 들어오는 전쟁을 말합니다.

그 전쟁은 이렇게 나타납니다. 첫째, 우리 마음에 죄를 짓는 유혹을 집어넣어서 죄를 짓게 만듭니다. 따라서 우리는 유혹을 물리쳐야 합니다. 요셉은 물리쳤고 다윗은 패배했습니다. 요셉은 당장 미움을 받았지만, 하나님이 그를 승리자로 대우해 주셨습니다. 그러나 다윗은 인생에 커다란 상처와 고통이 남았습니다. 한때 전쟁 영웅이 영적 전쟁에서는 패배한 것입니다. 둘째, 누군가를 미워하여 거짓말로 모함하고 소문을 퍼뜨리게 합니다. 마귀는 거짓의 아비입니다. 그러므로 거짓말로 다른 사람을 괴롭히는 사람은 영적 전쟁에서 패배한 것입니다.

이 영적 전쟁의 파괴력은 엄청납니다. 다윗이 밧세바로 인한 성적인 유혹이라는 영적 전쟁에서 패배했을 때, 아간이 여리고 성 점령 시 물질의 유혹이라는 영적 전쟁에서 패배했을 때, 그 파괴력은 실로 엄청났습니다. 따라서 우리는 영적 전쟁을 중요하게 다루고 반드시 승리해야 합니다.

그때 성도 개인과 가정과 사회생활에 하나님의 영광이 회복될 것입니다. 아울러 한국 교회도 거룩하게 회복될 것입니다. 영적 전쟁의 승리로 성도 개인과 가정과 교회가 회복되고, 사회 전체가 거룩해지는 변혁의 역사가 일어나기를 간절히 소원합니다.

마지막으로 이 책이 나오기까지 수고해 주신 두란노서원 모든 직원분과 이 말씀을 경청하고 순종하려고 최선을 다하는 우리 부전교회 교우들에게 감사드립니다.

2016년 12월
박성규

추천사

오늘날 조국 교회에서 잊혀져 가는 주제 중 하나는 '영적 전쟁'일 것입니다. 영적 전쟁에 대한 긴박감이 사라질 때 경건의 열심도 사라집니다. 이 책은 우리를 오랫동안 잊고 있었던 '영적 전쟁'이라는 주제로 데려갑니다. 그런 의미에서 이 책에서 다루는 내용은 우리 시대 교회에서 이루어지고 있는 모든 논의들 중 긴급동의와 같은 것입니다. 이 책은 성도들이 살아가는 일상적 삶을 영적 전투라는 관점에서 살피며 실천적인 지침들을 다루고 있습니다. 독자들은 이 책을 통해 한창 무르익어가는 한 설교자의 경건과 목회의 열정을 만나게 될 것입니다.

_김남준 목사(열린교회 담임)

신앙이 깊어지면서 성도는 말할 수 없는 기쁨을 소유하게 됩니다. 하지만 그 기쁨의 이면에는 육체의 소욕과 성령의 소욕 사이에 갈등과 투쟁이 시작됩니다. 이런 의미에서 성도는 신약 성경에서 종종 전쟁을 앞둔 군인으로 묘사되기도 합니다.

이 책은 성도가 감당해야 할 다양한 영적 전쟁을 에베소서를 중심으로 자세하게 그려냅니다. 영적 전쟁이라는 묵직한 주제를 다루면서도 단순한 지식의 나열이 아니라 따뜻한 위로와 충고를 곁들입니다. 이는 저자 박성규 목사님이 평생 교회를 통해 양 떼를 돌보는 목자로 섬겨 왔기 때문일 것입니다. 이 책은 깊어가는 신앙의 갈등과 영적 전쟁을 치러내야 할 성도들에게 위로를 주고 지혜를 선사하며 힘을 북돋아 주기에 충분합니다. 그래서 독자들은 선교적 제자로서 삶의 영역에서 영적 전쟁을 효과적으로 감당하여 승리하는 데 도움을 받을 것입니다. 오늘도 신앙의 성숙을 위해 기꺼이 영적 전쟁을 마다하지 않는 성도들에게 도전이 되기를 기대하는 마음으로 일독을 권합니다.

_송태근 목사(삼일교회 담임)

수많은 병사들과 동료 선후배 군목들에게 인격과 사역의 탁월함으로 큰 영향을 끼친 박성규 목사님이 드디어 성도의 영적 전투에 대한 야전교범(Field Manual)을 썼습니다. 모두 기다리던 책으로, 우리의 영적 전투력을 강화시켜 주리라 확신합니다. 마치 안디옥 교회 같은 지역 거점 교회인 부전교회의 담임목사로서, 과거 젊은이 부흥의 중심이었던 내수동교회의 대학부 지도자로서, 그리고 장기간에 걸친 군목으로서의 현장 경험이 각 장에 고스란히 담겨 있습니다. 친절하고 따뜻한 문체와 탄탄한 이론이 어우러져 성경 지식과 삶의 현장에서의 적용성을 두루 갖춘 이 책을 기쁘고 감사한 마음으로 강력하게 추천합니다.

_오정호 목사(새로남교회 담임)

저자 박성규 목사님은 현대 목회의 치열한 전선에서 영적 전쟁이 무엇인지를 이해하고 건강한 목회를 추구하고 있는 신실한 목회자입니다. 그가 쓴 글에는 승리를 갈망하는 목회의 치열함이 엿보입니다. 특히 삶의 전 영역에 걸친 영적 전투를 성경적으로 풀어가는 내용들에서 애정 어린 자상함이 드러납니다. 영적 전쟁에 관한 이론과 실제가 조화를 이룬 책으로 목회자들뿐 아니라 평신도들에게도 반가운 마음으로 꼭 일독을 권하고 싶습니다.

_이규현 목사(수영로교회 담임)

이 책은 성도들의 신앙생활에서 너무나 중요한 '영적 전쟁'을 다루고 있습니다. 그것을 마음, 말, 습관, 가정, 사회생활, 교회 등의 다양한 주제와 연관 지어서 간과하기 쉽고 비현실적이라고 여길 수 있는 영적 전쟁을 실제적이며 생활 밀착적인 내용으로 풀어낸 것이 이 책의 큰 장점입니다. 게다가 영적 전쟁에 바르게 임하는 구체적이고 실천적인 권면을 담고 있어 성도들이 믿음으로 영적 전쟁에서 승리하는 삶을 살 수 있도록 도와줍니다. 사랑하는 친구의 이 귀한 책이 우리가 당한 영적 전쟁을 신실하게 감당하여 이기게 하시는 하나님의 은혜의 귀한 통로로 모든 성도들에게 널리 사용되기를 기대합니다.

_화종부 목사(남서울교회 담임)

끝으로 너희가 주 안에서와 그 힘의 능력으로 강건하여지고
마귀의 간계를 능히 대적하기 위하여 하나님의 전신 갑주를 입으라
우리의 씨름은 혈과 육을 상대하는 것이 아니요
통치자들과 권세들과 이 어둠의 세상 주관자들과 하늘에 있는
악의 영들을 상대함이라

엡 6:10-12

1

신앙생활은 영적 전쟁이다

로마서가 '구원론'을 다루고 있다면 에베소서는 '교회론'을 다룬 것이라 할 수 있습니다. 교회가 무엇인지를 보여 주고 있는 것입니다. 에베소서를 이해하려면 1-6장으로 구성된 에베소서의 전체 내용을 살펴보아야 합니다.

먼저 에베소서 1장은 예수 그리스도의 보배로운 피로 말미암아 우리가 속죄를 받고 구원받았다는 내용을 다루고 있습니다. 즉, 1장은 '교회의 출발과 설립'을 보여주는 것입니다. 교회는 건물이 아니라 성도입니다. 성도는 예수님의 십자가 보혈을 믿을 때 참다운 성도가 될 수 있습니다. 그래서 학자들은 "교회가 예수 그리스도의 십자가로 말미암아 십자가 언덕 위에 세워졌다"라고 말하는 것입니다.

에베소서 2장은 유대인 교회와 이방인 교회의 '화합과 일치'에 대해 다루고 있습니다. 유대인 교회의 성도들은 "우리가 먼저 성경을 받았고 아브라함도 혈통적으로는 우리의 조상이기 때문에 우리가 이방인들보다 훨씬 더 우월하다"라고 말했습니다. 그러나 유대인 출신의 바울은 "그게 무슨 말이냐? 예수님의 십자가로 유대인과 이방인의 차별의 벽이 다 허물어졌다. 먼저 믿은 유대인도 나중에 믿은 이방인도 그리스도 안에서는 한 가족이다"라고 말합니다. 그래서 '권속'(眷屬, 한 집안 식구)이라는 말이 나오는 것입니다(엡 2:16). 우리의 믿음의 출발이 언제인지, 또 그 분량이 얼마인지와 상관없이 우리는 그리스도 안에서 한 가족입니다.

에베소서 3장은 '교회의 능력'이 무엇인지에 대해 보여 줍니다. 그리스도의 사랑의 깊이와 높이, 넓이와 길이를 알아갈 때 비로소 교회가 능력을 가진다고 전합니다. 부부 사이도 마찬가지입니다. 아내의 능력은 남편이 그 아내를 사랑해 주는 것과 아내가 그 사랑을 확신하는 것에 달려 있습니다. 마찬가지로 남편의 능력도 아내가 자신을 얼마나 사랑하는지를 알고 확신하는 것에 달려 있습니다. 사랑과 격려를 많이 받은 사람의 얼굴은 빛나게 되어 있습니다. 아무리 얼굴이 예쁘고 외모가 수려해도 사랑받지 못하고 인정받지 못하면 자신감이 없고 기가 죽을 수밖에 없습니다. 마찬가지로 하나님을 사랑하고 그리스도를 사랑하는 것이 교회의 능력입니다. 그 사랑을 깨달아 아는 것이 교회의 능력인 것입니다.

에베소서 4장은 예수 그리스도를 닮아가는 것이 진정한 '교회의 성장'이라고 말합니다. 성도 수가 많은 것보다 더 중요한 것은 한 사람 한 사람의 성도가 예수님을 닮아가는 것입니다. 이것을 우리는 '성숙'이라고 부릅니다. 이처럼 4장은 교회의 성숙에 대해 이야기하고 있습니다.

에베소서 5장은 아내와 남편, 부모와 자녀, 가정에 대해 다루고 있습니다. 그런데 왜 교회론을 다룬 에베소서에서 가정에 대해서 이야기하고 있을까요? 좋은 성도가 좋은 가정을 이루기 때문입니다. 예배를 잘 드리고 나서 점심을 뭐 먹을지 이야기하다가 말다툼을 한다면 그것은 좋은 성도라고 할 수 없습니다. 좋은 성도임을 입증할 수 있는 삶의 현장은 교회 뿐만 아니라 가정 안에서도 이뤄져야 하는 것입니다.

미국 교회의 쇠퇴 원인 중 하나는 바로 가정의 붕괴입니다. 부부가 이혼을 하면 같이 다니던 교회에 가기가 힘들어집니다. 다른 교회라도 나가면 좋은데 교회를 떠남과 동시에 예수님을 떠나는 사람들이 많아지고 결국 그것이 미국 교회의 쇠퇴 원인 중에 하나가 된 것입니다. 가정의 건강은 교회의 건강과 함께 가는 것입니다. 그래서 교회론을 다룬 에베소서에서 "여러분의 가정이 건강하기를 바란다"라고 하는 것입니다. 다른 말로 하면 "가정이 하나님의 다스림을 받아 행복하기를 바란다"라는 것입니다.

에베소서 6장은 '직장 생활'에 대해 말하고 있습니다. 성도는 교회만을 위해 존재하는 것이 아닙니다. 우리가 살고 있는 세상을 위해서도 존재합니다. 세상을 복음으로 섬기며 바꾸고자 존재하는 것입니다. 지극히 세속적인 관점에서는 직업을, 나의 필요를 채우기 위한 도구라고 생각하기 쉽습니다. 열심히 일해서 돈 벌고 그것으로 밥 잘 먹고 자녀들 뒷바라지하고 필요한 것을 채우기 위한 수단으로 여기는 것입니다. 그러나 성경은 우리의 직장이 하나님을 영화롭게 하며 세상 사람들에게 유익을 끼치는 거룩한 장소라고 말합니다. 이것이 그리스도인의 직업관입니다. 아랫사람으로 있을 때는 윗사람을 주를 섬기듯 섬기고, 윗사람으로 있을 때는 아랫사람을 형제자매처럼 여기는 것이 좋은 교회를 다니는 거룩한 성도의 직장 생활입니다.

이처럼 에베소서는 교회론을 가르치지만 그 범위는 가정과 직장 생활까지 연장되어 있습니다. 가정과 직장에 이르기까지 성도답게 사는 것이 에베소서가 말하는 성도의 올바른 삶이며 교회론이기 때문입니다. 사도 바울은 여기까지 기록한 다음에

한 가지 중요한 사실을 알게 되었습니다. 그것은 바로 '영적 전쟁'입니다. 교회의 본질과 사명을 흐트러뜨리고 파괴시키는 악한 영의 공격 때문에 지역 교회가 무너지고 가정이 무너지고 직장 생활이 무너진다는 것을 알게 된 것입니다. 그래서 에베소서의 맨 마지막에서 바울은 영적 전쟁을 강조합니다.

본문은 에베소서 전체 중 가장 마지막 부분으로, "끝으로"라는 말로 시작합니다. 이 말은 마지막으로 한 번 더 강조하고 싶은 이야기가 있다는 것입니다. 말씀을 보겠습니다.

"끝으로 너희가 주 안에서와 그 힘의 능력으로 강건하여지고 마귀의 간계를 능히 대적하기 위하여 하나님의 전신 갑주를 입으라"(엡 6:10-11).

마귀의 간계(奸計)란 무엇입니까? '간계'는 헬라어로 '메쏘데이아'(μεθοδεία)로, 이 단어에서 영어의 '메쏘드'(method, 방법)라는 단어가 나왔다고 합니다. 이 말은 본래 '음모', '작전 계획'이라는 다른 뜻을 가지고 있습니다.

우리의 신앙생활에는 마귀의 간계가 있습니다. 즉, 우리를 넘어뜨리기 위한 마귀의 작전 계획이 있다는 것입니다. 이것은 군사 계획처럼 치밀하고 집요하여 우리를 넘어뜨리고자 집중적으로 공격합니다. 그러나 감사한 것은 마귀보다 더 강한 주님이 우리의 지휘관이라는 것입니다. 따라서 우리가 주님을 의지하고 그분의 말씀을 따르면 반드시 승리할 수 있다는 사실을 명심해야 합니다.

교회가 마귀와의 영적 전쟁에서 패배하면 어떻게 될까요? 첫째, 앞서 말한 에베소서 1장의 내용이 무너집니다. 그리스도의 십자가를 강조하지 않고 윤리와 도덕과 처세술을 가르치는 강단이 되어 버리고 맙니다. 마귀가 공격하면 교회는 십자가의 복음보다도 얄팍한 인간의 지혜를 가르치는 것을 더 좋아하게 됩니다. 목사와 성도들이 그것을 더 좋아하고 그런 이야기에 집중하게 됩니다. 교회가 본질을 잃어 버리는 것입니다. 교회는 어떤 순간에도 예수님이 흘리신 보혈의 피와 십자가 사랑을 놓쳐서는 안 됩니다. 오직 십자가에 집중해야 합니다. 그래야만 교회의 본질인 생명력을 잃지 않는 것입니다.

둘째, 성도들 사이에 차별의 벽을 높이 쌓습니다. 교회에 먼저 온 사람과 나중에 온 사람 사이를 이간질하여 서로 분열하도록 높은 벽을 쌓는 것입니다. 이것은 그리스도의 한 몸 된 지체로서 한 가족임을 누릴 수 없게 하는 것입니다. 제일 안 좋은 교회는 텃세가 심한 교회입니다. 교회는 누구 하나만을 위한 곳이 아닙니다. 누구든지 올 수 있고, 누구든지 하나님과 영적 교제를 나눌 수 있는 곳입니다. 세상이 흉내 낼 수 없는 사랑과 화합의 공동체가 바로 교회인 것입니다. 그러나 영적 전쟁에서 패배한 교회는 성도들 사이에 차별의 벽을 높이 쌓습니다. 텃세를 부리는 교회가 되는 것입니다. 혹시 우리 가운데 그런 것이 조금이라도 있다면 그 벽을 다 허물어 버리기를 바랍니다. 차별의 벽이 하나님의 사랑이 흘러들어오는 통로를 막아 버리게 해서는 안 됩니다.

셋째, 예수 그리스도를 사랑하는 것보다 자신의 명예를 더 사랑하게 됩니다. 하나님의 사랑으로 일어서는 교회가 아니라 자신의 명예, 자기 사랑, 직분에 목숨을 거는 교회가 되는 것입니다. 이것은 성경적인 것이 아닙니다.

넷째, 성숙을 향한 갈망이 사라집니다. 하나님의 말씀을 배우고 기도하며 예수님을 닮아가는 일에 관심을 두지 않습니다. 너무 힘들고 피곤하고 먹고 살기도 바쁘다면서 영적 훈련을 도외시하는 것입니다.

다섯째, 부부의 사랑이 식습니다. 영적 공격을 받으면 배우자에게 불만이 생기기 시작합니다. 지금 마음속에 배우자에 대한 어떤 불만이 있다면 그것은 객관적인 결핍일 수도 있지만, 그보다는 그 사람을 바라보는 자신의 시각이 잘못된 것은 아닌지 살펴보아야 합니다.

여섯째, 직장 생활을 왜곡합니다. '먹고살기 위해 오늘도 힘들게 일하는구나' 하고 저급한 수준의 목표로 직장 생활을 하게 합니다. 윗사람을 섬기지 않고 아랫사람을 자신의 유익을 위한 도구로 이용합니다. 이것은 왜곡된 직장 생활의 모습으로, 마귀의 영적 공격에 무너지는 것입니다.

에베소서가 말하는 교회의 건강한 모습을 지키기 위해, 우리는 교회를 무너뜨리는 악한 영의 공격이 있다는 사실을 반드시 명심해야 합니다. 바로 영적 전쟁을 배워야 하는 것입니다. 나아가 이 전쟁을 이길 수 있는 능력을 구비하는 것이 에베소서가 말하는 성경적인 교회를 세우고 성경적인 성도의 삶을 살아가는 비결인 것입니다.

다윗이 밧세바와 잠자리를 같이하고 우리아를 죽인 사건은 다윗의 인생에 엄청난 붕괴를 가져왔습니다. 그는 골리앗을 무너뜨린 전쟁 영웅이었지만 그럼에도 불구하고 내면에는 이기지 못하는 전쟁이 있었습니다. 그리고 그 전쟁에서의 패배가 그의 인생에 엄청난 파괴를 불러일으킨 것입니다.

데이비드 퍼트레이어스(David Howell Petraeus) 장군은 미국 육군사관학교를 수석으로 졸업한 사람입니다. 그가 육군참모총장일 때, 교착 상태였던 이라크 전쟁을 승리로 이끌면서 전쟁 영웅이 되었습니다. 군에서 예편한 후 그는 중앙정보국(CIA) 국장이 되었습니다. 사람들은 그가 아이젠하워(Dwight Eisenhower)와 맥아더(Douglas MacArthur)를 합쳐 놓은 명장이며 차기 대통령 후

보감이라고 생각했습니다. 그러나 그는 자신의 전기 작가이며 육사 20년 후배인 폴라 브로드웰(Paula Broadwell) 예비역 중령과 불륜에 빠졌습니다. 그 결과 그는 중앙정보국장 자리에서 물러났고 그렇게 역사의 무대에서 존재감이 사라져 버리고 말았습니다. 대선 후보로까지 거명되던 그가 추락한 이유는 무엇입니까? 영적 전쟁에서 패배한 것입니다. 이라크 전쟁 영웅이 영적 전쟁에서는 패배자가 된 것입니다. 전쟁 영웅도 패배자로 만들 만큼 영적 전쟁은 무서운 것입니다.

우리가 영적 전쟁에 대해 배워야 하는 이유는 마귀의 위협과 유혹에 패배하면 우리의 인생이 붕괴될 수 있기 때문입니다. 베드로가 예수님을 부인한 일도 영적 전쟁에서 패배했기 때문입니다. 그래서 누가복음 22장 31절에서 예수님이 "시몬아 시몬아 보라 사탄이 너희를 밀 까부르듯 하려고 요구하였으나"라고 말씀하신 것입니다. 그리고 "오늘 닭 울기 전에 네가 세 번 나를 모른다고 부인하리라"(34절)고 경고하셨습니다. 결국 그렇게 대단한 다윗과 베드로도 영적 전쟁에서 패배하니까 그들의 인생 전체가 무너진 것입니다.

신앙생활은 영적 전쟁이다

|

우리가 기억해야 할 것은 신앙생활이 영적 전쟁이라는 것입니다. 왜 전쟁이 일어납니까? 누군가가 전쟁을 걸어오기 때문입니다. 사도 바울은 에베소서를 기록하면서 마지막에 그것을 언급하고 있습니다.

> "끝으로 너희가 주 안에서와 그 힘의 능력으로 강건하여지고 마귀의 간
>
> 계를 능히 대적하기 위하여 하나님의 전신 갑주를 입으라"(엡 6:10-11).

이 말씀은 요즘 말로 하면 방탄조끼를 입고 방탄 헬멧을 쓰고 완전 무장하라는 말입니다. 사도 바울이 강조한 한 가지가 바로 영적 전쟁입니다. 그만큼 대단한 전쟁이라는 것입니다. 그는 "여러분이 잊지 말아야 될 분명한 사실이 있습니다. 여러분에게 악한 영의 공격이 있다는 사실을 잊지 마십시오"라고 지금 우리에게도 말하고 있습니다.

성경에서는 우리를 '하나님의 백성' 또는 '하나님의 양'으로 표현합니다. 그리고 '그리스도의 군사'라고도 합니다. 바로 이것이 우리의 신분을 보여주는 것입니다.

"너는 그리스도 예수의 좋은 병사로 나와 함께 고난을 받으라"(딤후 2:3).

말씀에서 "너"는 모든 성도를 뜻합니다. 우리는 모두 영적인 현역 군인입니다. 왜냐하면 마귀가 우리를 공격하고 있기 때문입니다. 영적으로는 민간인이 한 명도 없습니다. 할아버지 할머니도, 어린아이나 여성도 영적으로는 모두 현역 군인입니다. 그러므로 우리는 영적 무기를 들고 맞서 싸워야 합니다.

칼빈 신학교의 유명한 조직신학자였던 루이스 벌코프(Louis Berkhof)는 교회를 '전투적인 교회'(militant church)와 '승리적인 교회'(triumphant church)로 구분했습니다. 지상의 교회는 끊임없이 마귀의 공격을 받아 싸우는 '전투적인 교회'이고, 천국의 교회는 영적 전쟁에서의 승리를 누리는 '승리적인 교회'라는 것입니다.

교회 안에서도 마귀는 끊임없이 우리를 공격하고 무너뜨리며 교회의 본질을 훼손하고 성도들로 하여금 그 왜곡된 본질을 추구하게 만듭니다. 우리는 이런 공격이 계속되고 있다는 것을 잊지 말아야 합니다. 그러나 두려워할 필요는 없습니다. 우리의 지휘관이신 예수님이 우리를 승리의 길로 인도하실 것이기 때문입니다.

영적 전쟁의 적은 누구인가

|

모든 전쟁에는 주적(主敵)이 있습니다. 아군과 적군을 구별하지 못하면 그 전쟁은 이길 수 없습니다. 영적 전쟁의 주적은 '사마귀'입니다. 여기서 '사마귀'는 곤충을 말하는 것이 아니라 사탄과 마귀와 귀신의 줄임말입니다. 이것 세 가지가 어떻게 다른지 살펴보겠습니다. 먼저 악한 영의 대장 '사탄'(שָׂטָן)은 히브리어에서 왔습니다. 헬라어로는 '사타나스'(Σατανᾶς)라고 하는데 영어로는 '세이턴'(Satan)입니다. 그리고 우리말로 하면 '사탄'인 것입니다. 히브리어 사탄은 각 언어로 옮길 때 소리나는 대로 옮기는 음역을 했습니다.

그 다음에 '마귀'를 보겠습니다. 마귀는 사탄과 동일한 존재로 헬라어에서 유래했습니다. 이것은 소리 나는 대로 옮긴 것이 아니라 뜻을 따라 옮긴 것, 즉 의역입니다. 헬라어로 '디아볼로스'(διάβολος), 영어로는 '더 데블'(the devil)이라고 합니다. 그리고 우리말로는 '마귀'라고 합니다.

사탄과 마귀는 동일한 악한 영의 대장입니다. 그 다음으로 사탄, 마귀의 부하들이 있습니다. 타락한 천사들을 뜻하는 것으로 히브리어로는 '쉐드'(שֵׁד)라고 하고, 헬라어로는 '다이모니온'(δαιμόνιον)이라고 합니다. 이것을 영어로는 '데몬'(demon)이라고 하고 한국어로는 '귀신'이라고 합니다.

지금까지 살펴본 세 단어에 대한 정확한 설명이 성경에 나와 있습니다.

> "큰 용이 내쫓기니 옛 뱀 곧 마귀라고도 하고 사탄이라고도 하며 온 천하를 꾀는 자라 그가 땅으로 내쫓기니 그의 사자들도 그와 함께 내쫓기니라"(계 12:9).

말씀에서는 큰 용을, 하와를 유혹했던 옛 뱀, 곧 마귀라고도 하고 사탄이라고도 한다고 했습니다. 따라서 사탄의 이름이 네 개인 것입니다. 즉 큰 용, 옛 뱀, 마귀, 사탄은 모두 동일한 존재입니다. 일단의 그룹인 천사들이 타락할 때에 그 천사들의 대장이 바로 사탄과 마귀였습니다. 그는 온 천하를 꾀는 자로, 그의 전략은 사람들을 속이고 유혹하는 것입니다. 살다 보면 때로 무언가 옳지 않은 것을 하려고 하는 마음이 들 때가 있습니다. 그것은 마귀가 준 것입니다. 유혹하고 거짓을 말하는 것이 마귀의 전략이기 때문입니다.

말씀에서 "그가 땅으로 내쫓기니 그의 사자들도 그와 함께 내쫓기니라"고 했습니다. 여기서 '사자'(使者)는 동물이 아니라 천사를 뜻하는 것입니다. 그래서 성경에도 "그의 사자"라는 말에 각주가 달려서 "천사들"이라고 해석하고 있습니다. '천사'라는 말을 헬라어로는 '앙겔로스'(ἄγγελος)라고 하는데, 복수격이 되면 '앙겔로이'(ἄγγελοι)가 됩니다. 이 단어에서 영어 단어인 '엔젤'(angel), 즉 천사가 나온 것입니다.

다시 말하면 귀신은 본래 천사들이었는데 타락해서 악한 영의 역할을 하고 있다는 것입니다. 말씀에는 영적 전쟁의 주적에 대해 이렇게 나와 있습니다.

> "끝으로 너희가 주 안에서와 그 힘의 능력으로 강건하여지고 마귀의 간계를 능히 대적하기 위하여 하나님의 전신 갑주를 입으라 우리의 씨름은 혈과 육을 상대하는 것이 아니요 통치자들과 권세들과 이 어둠의 세상 주관자들과 하늘에 있는 악의 영들을 상대함이라"(엡 6:10-12).

말씀에 나오는 마귀는 곧 사탄입니다. 혈과 육은 헬라어로 '인간'을 지칭하는 것입니다. 우리의 싸움은 악한 영과의 것인데 우리는 때로 착각하여 타종교 신자를 적이라고 생각합니다. 하지만 절대 그렇지 않습니다. 그들은 우리가 품고 사랑해야 할 사람들, 언젠가는 예수님을 믿을 수 있는 사람들, 선교학에서 말하는 '감추어진 하나님의 백성'(hidden people of god)입니다. 우리를 부르시는 놀라운 은혜 앞에 혈과 육을 가진 사람은 적이 아닙니다. 그 뒤에 역사하는 악한 영이 우리의 적입니다.

저희 집안도 제가 초등학교 1학년 크리스마스 이전까지는 불교였습니다. 저희 어머니가 딸만 내리 낳으니까 할아버지가 어머니에게 최후통첩을 하셨다고 합니다.

"네가 다음에도 딸을 낳으면 며느리를 하나 더 들이겠다."

여성에게 이것보다 더한 충격이 어디 있겠습니까? 제가 삼대독자니까 할아버지, 아버지도 다 녹자입니다. 지금이야 외동이 많지만 그때만 해도 그렇지 않았습니다. 그래서 어머니가 마음에 엄청난 부담을 안고 대전 식장산에 올라 불공을 드려서 생긴 아들이 바로 저입니다. 그런데 하나님은 그런 저와 저희 가정을 1968년 성탄절에 불러 주셔서 구원해 주시고 저를 목사로까지 삼아 주셨습니다.

그래서인지 저희 교회에는 개종한 불교 신자가 많습니다. 만약 그들을 불편하게 대하거나 적대시했다면 그들이 주님께로 돌아오기는 힘들었을 것입니다. 그러나 그들을 사랑하고 진심으로 섬겼기에 예수님께 돌아올 수 있었습니다. 이처럼 영적 전쟁의 주적은 사람이 아니라 사람 뒤에서 역사하는 악한 영들입니다.

계속해서 말씀을 통해 영적 전쟁의 주적에 대해 살펴보겠습니다. 말씀에 "통치자들과 권세들"이라는 말이 나오는데, 이것은 천사를 뜻하는 헬라어 숙어로 천사 중에서도 우리와 싸우는 악한 천사 곧 귀신을 말하는 것입니다. 그 다음에 더 정확하게 "어둠의 세상 주관자", "하늘에 있는 악의 영"이라는 표현이 나옵니다. 통치자들과 권세들, 어둠의 세상 주관자들, 하늘에 있는 악의 영들은 모두 귀신을 뜻하는 것입니다.

어떤 사람들은 귀신을 죽은 자의 영혼이라고 생각합니다. 동양 사상에 그런 생각이 있고 이단 중에도 그렇게 주장하는 이들이 있습니다. 그러나 성경에 나온 대로 귀신은 타락한 천사들이지 죽은 자의 영혼이 절대 아닙니다.

'죽음'이라는 헬라어는 '싸나토스'(θάνατος)라는 단어로 '분리'라는 뜻을 가지고 있습니다. 우리가 죽으면 분리가 일어나 육신은 이 땅에 있지만 영혼은 즉시 천국과 지옥으로 갑니다. 성경에는 예수님과 함께 십자가에 매달린 한 강도가 죽기 직전에 예수님을 믿은 사건이 나옵니다. 그때 예수님은 "오늘, 네가 나와 함께 낙원에 있으리라"(눅 23:43)고 말씀하십니다. 여기서 말하는 '오늘'은 죽자마자를 뜻하는 것으로, 바로 천국에 간다는 것입니다. 천주교 교리로 하면 이 사람은 평생 나쁘게 살았기 때문에 바로 천국에 가지 못하고 연옥(煉獄)을 통해 연단을 받아야 합니다. 하지만 예수님은 지금 즉시 천국에 가게 될 것이라고 말씀하시는 것입니다.

그러므로 우리는 예수 그리스도의 보혈이 우리를 천국으로 즉시 인도해 주시는 것을 믿어야 합니다. 그토록 흉악한 강도도 즉시 천국에 갔는데, 예수님을 믿고 구원받은 우리는 어떻겠습니까? 우리 역시 천국에 즉시 갈 것입니다. 죽은 자의 영혼이 구천(九天)을 떠도는 것은 성경에 나온 말이 아닙니다. 성경에 따르면 죽으면 천국이든 지옥이든 즉시 가게 되어 있습니다.

누가복음 16장에서 부자는 예수님을 안 믿고 죽었습니다. 바로 음부(陰府)로 떨어진 것입니다. 여러분 중에는 지금도 제사 때문에 고민하는 사람이 분명 있을 것입니다. 하지만 아무리 상다리가 휘어지도록 제사상을 차려도 조상님은 그 자리에 올 수 없습니다. 천국과 지옥에 갔으면 그곳에 계속 있는 것이지 다시 이 땅에 올 수 없습니다. 타락한 천사들인 귀신이 와서 부모 흉내를 내면서 제사를 받는 것입니다. 그래서 성경에는 "이방인이 제사하는 것은 귀신에게 하는 것이요 하나님께 제사하는 것이 아니니"(고전 10:20)라고 나와 있습니다.

예수님이 재림하는 순간 우리의 몸은 부활할 것입니다. 간혹 이런 의문을 가지는 사람이 있습니다. "우리 부모님은 화장(火葬) 했는데 어떻게 부활할까요?" 걱정하지 마십시오. 무에서 유를 창조하시는 하나님은 뼈도 찾을 수 없는 바울과 아브라함도 부활시키실 것이고 화장된 우리 부모님의 몸도 영광스런 부활의 몸으로 살려 주실 것입니다. 그래서 예수님의 재림 이후에 우리는 영혼과 육신이 연합되어 온전한 영생을 누리고 불신자는 무서운 형벌을 받게 될 것입니다.

사랑하는 여러분, 꼭 기억하십시오. 귀신은 죽은 자의 영이 아니라 교활하고 타락한 천사입니다. 그리고 그들이 우리를 유혹하기 위하여 온갖 모양으로 과장하고 위장해서 나타난다는 것을 명심하기를 바랍니다.

C. S. 루이스(Clive Staples Lewis)는 본래 예수님을 믿지 않던 불가지론자(不可知論者)였습니다. '하나님이 없다'는 무신론(無神論)과 달리 불가지론(不可知論)은 '하나님이 계신지 안 계신지 모르겠다'는 것입니다. 하지만 그는 어느 날 예수님을 구주로 믿게 되었고 그 후 수많은 기독교 소설을 썼습니다. 그중 《스크루테이프의 편지》(홍성사, 2000)라는 책이 있습니다.

이 책에 나오는 사탄의 이름은 '스크루테이프'입니다. 책은 이 사탄이 자신의 조카이자 부하인 '웜우드'에게 편지를 쓰는 형식으로 전개됩니다. 웜우드가 자신이 맡은 청년을 영적으로 패배시키지 못하고 오히려 당한 것에 대해 책망하는 것으로 이 편지는 시작됩니다. 이 편지에 이런 내용이 나옵니다.

"웜우드야, 그 사람에게 성경을 읽지 못하고 기도도 하지 못하도록 방해해 봐라. 그러면 그는 믿음의 집을 세울 수 없을 거란다.”

또 이런 내용도 있습니다.

“웜우드야, 성경이 하나님의 말씀이라는 확신을 그의 마음속에서 빼앗아 버려라. 그러면 그는 무너지고 말 거야.”

그러면서 또 하나 굉장히 효과적인 조언을 합니다.

“하나님을 위해 살 수 있는 마음을 주고 계획도 세우게 하되 실천할 때에는 오늘 하지 말고 내일 하라고 하렴. 그럼 내일 내일 하다가 평생 못 하고 죽을 것이다.”

C. S. 루이스는 이런 말을 했습니다.

“기독교인들이 영적 전쟁에서 패배하는 이유는 두 가지 중 하나이다. 첫째, 마귀가 존재한다고 믿지 않기 때문이다. 마귀가 없다고 생각하니까 무방비 상태에서 당하게 된다. 둘째, 마귀를 굉장히 강한 존재로 여기는 공포심 때문이다. 그래서 싸우기 전에 두려워서 패배하게 된다.”

우리의 영적 전쟁의 주적은 사람이 아니라 사탄, 마귀, 귀신입니다. 사람과 싸우지 말고 그들과 싸워야 합니다. 그들이 아무리 강할지라도 우리의 지휘관 되시는 예수님보다는 약합니다. 이것을 기억할 때 우리는 영적 전쟁에서 승리할 수 있을 것입니다.

영적 전쟁은 우리를 파괴시킬 수 있다

|

우리는 왜 영적 전쟁에 맞서 싸워 이겨야 합니까? 사마귀가 우리를 파괴하기 때문입니다. 에베소서 6장 13절에 보면 "그러므로 하나님의 전신갑주를 취하라 이는 악한 날에 너희가 능히 대적하고 모든 일을 행한 후에 서기 위함이라"고 나옵니다. 여기서 전투가 끝난 다음에 "서 있다"는 말은 이겼다는 것입니다. 진 사람은 쭈그려 앉거나 무릎을 꿇기 마련입니다. 성경에 나온 "모든 일을 행한 후에"라는 표현은 사도 바울이 에베소서 1장에서 6장에 이르는 모든 일을 행하기 위해 영적 전쟁에서 이기기를 바란다는 메시지를 전하고 있는 것입니다.

영적 전쟁에서 패배하면 그 피해는 정말 큽니다. 다윗을 보십시오. 어느 날 옥상을 거닐다가 한 여인이 온몸을 드러낸 채로 목욕하는 장면을 보게 됩니다. 그 모습을 보고 '이스라엘 최고의 미인이구나' 생각하고 그냥 지나쳤다면 아무 문제가 없었을 것입니다. 그러나 그는 다시 돌아섰습니다. 성경에 다시 돌아섰다는 자세한 내용은 나와 있지 않지만, 예상컨대 아마도 그러했을 것입니다. 그리고 다윗은 이 여인을 묵상하기 시작합니다. '저 여인과 잠자리를 할 수 없을까? 안 돼, 나는 하나님의 사람이잖아. 하지만 내가 왕인데 누가 내 명령에 거절한단 말이야?' 전에는 이런 생각을 하지 않았습니다. 인생의 왕이 하나님이라는 찬송가도 지으며 경건한 삶을 살았습니다. 하지만 그 짧은 순간 마귀의 유혹에 빠진 것입니다. 그래서 결국 그 여인을 데려와 같이 하룻밤을 보냅니다. 그런데 덜컥 아기가 생기고 말았습니다.

이때 다윗이 영적으로 더 깊은 패배를 당하지 않기 위해서는 하나님 앞에 즉시 회개해야 했습니다. 그런데 그는 이 사실을 은폐하기 시작합니다. 그리고 더 깊은 수렁으로 빠지고 맙니다. 사탄에게 더 강력하게 매인 포로가 된 것입니다. 다윗은 죄를 더 철저하게 은폐하기 위해 계략을 짭니다. 다윗의 계략인 것 같지만 사실은 마귀의 계략이었습니다. '야, 너는 하룻밤밖에 안 잤잖아. 전쟁터에 나가 있는 저 여인의 남편을 불러서 특별 휴가를 주면 좋아할 거야. 그리고 아내와 잠자리를 같이하면 자기 자식이라고 생각하겠지.'

그래서 그 여인의 남편인 '우리아' 장군이 휴가를 받아 옵니다. 거기까지는 다윗의 시나리오대로 되는 줄 알았습니다. 하지만 우리아는 밤에 집으로 가지 않았습니다. 다윗이 옥상에서 목욕하는 그의 아내를 볼 수 있을 정도니 왕궁과 우리아의 집은 거리가 아주 가까웠을 것입니다. 그러나 집이 지척에 있고 그리운 가족이 있는데도 충성스러운 우리아는 가지 않은 것입니다. 오히려 그는 밤새 성 안에 있는 병영에서 잠을 잤습니다. 그는 매우 충성스런 장군이었기 때문에 하나님의 언약궤가 전쟁터에 있고 수많은 장병이 적군과 전투를 벌이는데 자기 혼자만 한가롭게 휴가를 누릴 수 없었던 것입니다. 이쯤 되면 다윗이 '저렇게도 충성스런 부하를 속이려 하다니' 하며 잘못을 깨달아야 했습니다. 원래는 그것이 다윗의 모습이었습니다. 하지만 영적 전쟁에 패배하니까 그러한 모습이 전혀 보이지 않습니다.

역대상 11장에는 다윗이 블레셋과 전쟁할 때 블레셋 군대가 다윗의 고향인 베들레헴을 장악하고 있는 내용이 나옵니다. 그가 산 위에서 보니 베들레헴 우물가에 있는 물이 너무 먹고 싶었습니다. 그 상황에서 어렸을 때부터 먹던 그 물이 너무나 마시고 싶은 것입니다. 결국 세 명의 용맹스런 부하가 수통에 물을 채워 오려고 적진을 뚫고 들어갑니다. 물이 담긴 수통을 받아 든 다윗은 너무나 미안했습니다. '이 물은 나에게 물을 떠 주기 위해 목숨을 걸고 적진에 들어간 장병들의 피구나. 내가 어떻게 이 물을 마실 수 있단 말인가?' 그래서 다윗은 그 물을 하나님 앞에 부어 드립니다. 이것이 구약에 나오는 전제(奠祭)로, 모세의 율법에 나오는 액체를 드리는 제사의 한 종류입니다.

다윗은 '하나님, 다시는 부하들에게 이런 일을 시키지 않겠습니다' 하고 다짐하면서 그 물을 부어 드린 것입니다. 이렇게 충성스러운 부하를 보고 감동을 받던 사람이 다윗입니다. 그런데 영적인 공격 앞에 무너지니까 판단력이 흐려진 것입니다. 영적 전쟁에서 패배하면 이렇게 포로가 되는 단계로 가게 됩니다. 마귀한테 질질 끌려다니는 것입니다.

다윗은 죄를 은폐하려고 했던 시나리오가 실패하자 이제 더 강력한 시나리오를 만듭니다. 우리아가 빠져나갈 수 없게 만드는 것입니다. 얼마나 사악한 지 모릅니다. '이제 내 죄가 발각되는 것은 시간 문제구나. 우리아가 아무리 충성스런 부하라도 어쩔 수 없다. 그를 죽여야겠다.' 그래서 다윗은 편지를 씁니다. 우리아가 전쟁에 복귀하면 가장 치열한 전쟁터의 선봉에 서게 하고 그가 맨 앞에 나갔을 때 나머지 병력을 철수시켜서 그를 죽게 하라는 잔인한 내용이었습니다. 그리고 안타깝게도 우리아는 자신을 죽이라는 명령서를 직접 들고 가 군대장관 요압에게 전달하게 됩니다.

하나님은 이 모든 상황을 다 보고 계셨습니다. 이렇게도 악하고 타락한 다윗, 마귀에게 무너져 포로가 된 다윗의 모습을 보고 하나님은 얼마나 마음이 아프셨을까요? 결국 우리아는 전쟁터에서 목숨을 잃고 말았습니다. 그리고 이제 다 끝난 줄 알았는데 하나님이 다윗을 괘씸히 여기시고 그를 향해 진노하십니다(삼하 11:27 참고). 그 결과, 다윗과 밧세바 사이에서 태어난 아이가 죽게 됩니다. 그리고 나단 선지자를 통하여 다윗을 책망하시고 깨우치십니다.

그때 비로소 다윗은 하나님의 말씀을 듣고 돌이킬 수 있었습니다. 마귀의 포로가 된 상황에서 탈출할 수 있는 유일한 방법은 '회개'입니다. 성자는 남들보다 빨리 회개하는 사람이라고 했습니다. 그러나 다윗은 밧세바 사건에 대해 1년이 넘도록, 즉 둘 사이에 아들이 태어날 때까지 회개하지 않았습니다. 그러나 나단 선지자의 책망을 듣고 하나님께 회개하고 용서를 받게 됩니다. 만약 죄대로 처벌했다면 다윗은 우리아가 죽은 것처럼 전쟁터에서 비참하게 죽어야 했습니다. 그런데 하나님은 다윗을 용서하시고 죽이지 않으십니다. 하지만 징계는 있습니다. 용서는 있지만 징계가 나타나고 그 상처의 흔적은 오래가는 것입니다.

그 징계는 다윗의 자손에게 나타납니다. 장남 암논이 배다른 여동생을 겁탈하고, 그 여동생의 친오빠인 '압살롬'이 화가 나서 배다른 형인 '암논'을 쳐 죽입니다. 다윗이 압살롬을 용서해 주었지만, 훗날 그는 반역을 일으켜서 아버지인 다윗을 쫓아내고 다윗의 후궁들을 옥상에서 사람들이 보는 가운데 범해 버립니다.

지금까지 밧세바를 보는 순간 마귀의 유혹에 넘어간 영적 패배가 다윗의 인생에 얼마나 큰 손실을 주었는지 살펴보았습니다. 보이지 않는 영이지만 지금도 우리의 마음속에서 마귀는 끊임없이 우리를 공격하고 있습니다. 어쩌면 예배 시간에도 마귀의 공격을 받는 사람이 있을 것입니다. 그러나 여러분, 믿음은 물러서지 않는 것입니다. 마귀의 공격이 이어지는 영적 전쟁에서 물러서지 않고 담대히 나아가 승리하는 우리 모두가 되기를 바랍니다. 그것이 곧 신앙과 인생의 승리로 이어질 것입니다.

모든 지킬 만한 것 중에 더욱 네 마음을 지키라
생명의 근원이 이에서 남이니라

잠 4:23

2

마음은 믿음의 영적 경계선이다

예수님을 구주로 믿는 성도의 신앙생활은 언제나 영적 전쟁입니다. 끊임없이 마귀의 공격을 받기 때문입니다. 우리는 모두 예수 그리스도의 영적인 군사로, 우리의 주적은 사탄, 마귀, 귀신입니다. 사탄과 마귀는 동일한 존재이며 악한 영의 대장입니다. 그리고 귀신은 그들 밑에 있는 악한 천사들입니다.

"또 자기 지위를 지키지 아니하고 자기 처소를 떠난 천사들을 큰 날의 심판까지 영원한 결박으로 흑암에 가두셨으며"(유 1:6).

유다서 1장 6절의 말씀에는 천사들 가운데 하나님을 섬기며 경배해야 하는 자기의 지위를 떠나 하나님과 겨루었던 악한 천사들이 쫓겨나 흑암에 거하게 되었다고 나옵니다. 이 '흑암'을 불의와 죄악 가운데 거하는 것으로 해석하기도 합니다. 그렇습니다. 사탄과 귀신은 끊임없이 불의하고 악한 일을 만들어내고 사람들을 이러한 일에 가담하도록 유혹하고 충동합니다.

그렇다면 마귀는 우리를 어디서부터 공격할까요? 먼저 우리의 마음을 공격합니다. 왜냐하면 마음이 무너지면 다 무너지기 때문입니다.

"모든 지킬 만한 것 중에 더욱 네 마음을 지키라 생명의 근원이 이에서 남이니라"(잠 4:23).

건강도, 지위도, 돈도 지켜야 하지만 마음을 지키지 않으면 모든 것이 다 무너지게 됩니다. 마음이 참 중요합니다. 마음을 지키는 것이 마귀와의 영적 전쟁에서 이기는 비결인 것입니다.

마귀는 사람의 마음을 공격해서 하나님과의 관계를 차단시킵니다. 그리고 부부, 가족, 이웃과의 관계를 차단시킵니다. 심지어 자신에 대해서도 포기하게 만듭니다. 우울증과 열등감과 자기 학대로 이어져 결국 스스로 목숨을 끊게 하는 것입니다. 그러므로 이러한 공격이 우리 마음에서 일어나고 있음을 기억해야 합니다.

공격 양상을 알아야 한다

|

그렇다면 마음을 공격하는 마귀를 어떻게 이길 수 있을까요? 첫째, 마귀의 공격 양상을 알아야 합니다. 어떤 방식으로 공격하는지 그 양상을 파악해야 한다는 것입니다.

> "마귀가 벌써 시몬의 아들 가룟 유다의 마음에 예수를 팔려는 생각을 넣었더라"(요 13:2).

마귀는 우리의 마음에 악한 생각을 집어넣습니다. 그것이 마귀의 공격 양상입니다.

> "예수께서 그 생각을 아시고 이르시되 너희가 어찌하여 마음에 악한 생각을 하느냐"(마 9:4).

NASB 영어 성경을 보면 '마음'은 'heart'라고 나와 있고, '생각'은 'thinking'이라고 나와 있습니다. 즉 마음속으로 생각하는 것, 아이디어가 떠오르는 것, 무언가를 하려는 의도가 생기는 것 중에 마귀의 공격에 의한 것도 있다는 것입니다. 그렇다면 마귀는 어떻게 우리의 마음에 악한 생각을 넣을까요?

"속에서 곧 사람의 마음에서 나오는 것은 악한 생각 곧 음란과 도둑질
과 살인과 간음과 탐욕과 악독과 속임과 음탕과 질투와 비방과 교만과
우매함이니 이 모든 악한 것이 다 속에서 나와서 사람을 더럽게 하느니
라"(막 7:21-23).

사람의 마음에서 악한 생각이 나옵니다. 마귀가 집어넣은 생
각이 나오는 것입니다. 옳지 않은 생각이 들 때마다 마귀에게 공
격받고 있다는 것을 분별할 줄 알아야 합니다. 남의 것을 갖고
싶거나 누군가를 해치거나 속이고 싶거나 음란한 생각이 들 때
마귀의 공격을 받고 있다는 것을 깨닫고 그 생각이 행동으로 이
어지지 않게 주의해야 합니다.

또 남이 잘되는 것을 보지 못하고 질투하는 마음이 있습니다.
나보다 잘나가는 사람을 보면 견딜 수 없을 만큼 질투를 느낍니
다. 마귀의 공격을 받고 있는 것입니다. 그런데 곰곰이 생각해
보면 내가 질투하는 그 사람도 다 잘하지는 않습니다. 나에게도
그 사람에게 없는 것이 있다는 것을 알아야 합니다. 남을 비방
하고 넘어뜨리고 싶은 마음도 다 영적인 공격을 받는 것입니다.
그리고 남들보다 조금 잘하는 것이 있으면 우쭐해지는 마음이
생길 수 있는데 그 교만도 마귀의 공격입니다. 또한 분노도 마
귀의 공격, 영적 공격이라고 성경에 분명히 나와 있습니다.

이처럼 우리의 마음은 수많은 공격을 받습니다. 마귀는 우리의 마음을 공격하여 더럽게 하고 영적으로 패배시킵니다. 그러므로 마음속에 떠오른다고 그 생각대로 다 행동하면 안 됩니다. 생각나는 대로 다 하면 결국 마귀에게 이용당하는 것입니다. 그 중에는 마귀가 집어넣은 것도 있기 때문입니다. 여러분 모두 생각 가운데 끊임없이 마귀가 공격하고 있다는 것을 분별할 수 있는, 깨어 있는 하나님의 사람들이 되기를 바랍니다.

'우매함'이란 무엇입니까? 영어 성경에는 '어리석음'(foolishness)이라고 나옵니다. 시편에 우매한 일에 대해 명확하게 표현한 구절이 있습니다.

"어리석은 자는 그의 마음에 이르기를 하나님이 없다 하는도다 그들은 부패하고 그 행실이 가증하니 선을 행하는 자가 없도다"(시 14:1).

하나님을 인정하지 않는 것이 가장 큰 어리석음입니다. 마귀는 믿는 사람이든 안 믿는 사람이든 바로 이 공격을 합니다. 신앙을 가지고 있는데도 때로는 하나님의 존재에 대한 의심이 생깁니다. 그것이 마귀의 공격인 것입니다. 이것이 우리를 우매하고 어리석은 사람으로 만들고 하나님의 존재를 인정하지 않고 제멋대로 살게 해서 결국 우리는 마귀에게 패배하게 됩니다.

"네 마음에 그의 아름다움을 탐하지 말며 그 눈꺼풀에 홀리지 말라"(잠 6:25).

아름다운 여성을 보고 참 예쁘다고 생각할 수 있습니다. 하지만 자꾸 그 여인을 묵상하고 다른 생각을 품는 것은 영적 공격을 받고 있는 것입니다. 바로 그것이 '음란'입니다. 찰스 스탠리 (Charles Stanley)는 《마음전쟁》(미션월드라이브러리, 2005)이라는 책에서 마귀가 우리를 유혹하는 방법에 대해 밝히고 있습니다. 마귀는 "내가 네 집안을 파괴시킬 테니까 저 여자랑 만나 봐라"는 식이 아니라 "저 여자 봐라. 얼마나 세련되고 멋있니? 저 여자랑 살면 진짜 행복할 거야"라는 식으로 유혹한다고 합니다. 가장 좋은 것을 약속해 놓고 가장 치욕적이고 파괴적인 결과를 주는 것입니다.

"대제사장과 그와 함께 있는 사람 즉 사두개인의 당파가 다 마음에 시기가 가득하여 일어나서"(행 5:17).

말씀에서 대제사장과 그와 함께 있는 사람, 즉 사두개인들은 다 예수님을 질투했습니다. 예수님이 그들에게 없는 능력을 가지고 계셨기 때문입니다. 그들은 '도대체 저런 가르침을 어떻게 할 수 있느냐?'라고 생각했을 것입니다. 목회자도, 교회의 중직자도, 성도들도 질투할 수 있습니다. 우리는 모두 이러한 마귀의 공격을 받을 수 있는 것입니다. 다른 사람이 나보다 잘하는 것이 있으면 솔직하게 인정하십시오. 그러면 마음이 편합니다. 질투는 관계를 깨뜨리는 마귀의 공격이라는 사실을 기억하기를 바랍니다.

"너희는 스스로 삼가라 두렵건대 마음에 미혹하여 돌이켜 다른 신들을 섬기며 그것에게 절하므로"(신 11:16).

우상 숭배도 마귀의 공격으로 우리는 그것을 철저히 피해야 합니다. 지금도 제사 문제로 힘들어하는 성도들이 있는데 조상 제사는 돌아가신 부모가 아니라 악한 영인 귀신이 받는 것임을 분명하게 알아야 합니다. 그것은 동양 사상일 뿐, 성경은 그렇게 우리에게 가르치지 않습니다.

"여호와의 언약궤가 다윗 성으로 들어올 때에 사울의 딸 미갈이 창으로 내다보다가 다윗 왕이 춤추며 뛰노는 것을 보고 그 마음에 업신여겼더라"(대상 15:29).

왕의 딸, 공주였던 미갈은 다윗이 왕인데도 체통 없이 옷이 막 들추어지도록 찬양하며 춤추는 것을 보고 그를 업신여겼습니다. 그 결과, 미갈은 죽을 때까지 아이를 못 낳게 됩니다. 내가 어떤 경험을 했고 어떤 지위에 있다고 해도 다른 사람을 함부로 무시해서는 안 되는 것입니다.

탐욕도 우리를 공격하는 마귀의 공격 양상 중에 하나입니다.

"베드로가 이르되 아나니아야 어찌하여 사탄이 네 마음에 가득하여 네가 성령을 속이고 땅 값 얼마를 감추었느냐 땅이 그대로 있을 때에는 네 땅이 아니며 판 후에도 네 마음대로 할 수가 없더냐 어찌하여 이 일을 네 마음에 두었느냐 사람에게 거짓말한 것이 아니요 하나님께로다"(행 5:3-4).

아나니아는 땅 전부를 바치기로 했는데 팔고 나니 너무 아까워서 그렇게 하지 않았습니다. 일부를 드리면서 전부라고 거짓말을 했습니다. 아마 "다 드리고 싶은데 마음이 허락하지 않네요. 시간을 좀 주세요. 일단 일부를 드릴게요"라고 솔직하게 말했다면 어쩌면 죽지는 않았을 것입니다. 성경 속에서 성령을 속이고 죽임을 당한 부부의 이야기는 바로 우리에게 있는 탐욕을 지적하는 것입니다.

또한 마귀는 우리의 마음에 두려움을 가지고 공격합니다.

"예수께서 이르시되 어찌하여 두려워하며 어찌하여 마음에 의심이 일어

나느냐"(눅 24:38).

찰스 스탠리는 두려움에 대한 자신의 경험을 이야기합니다. 눈이 너무 아파서 수술을 받았는데 붕대를 푸는 날, 간호사의 반응이 별로 안 좋은 것을 보고 무언가 잘못되었다는 것을 직감했다고 합니다. 그래서 의사가 다급히 왔는데 그도 시간이 조금 걸릴 거라고 말하는 것이었습니다. 이때부터 그는 단순히 눈만 아픈 것이 아니라 마음속에 전쟁이 일어나기 시작했다고 합니다. 마귀가 '넌 이제 실명할 거야. 좋아하는 성경도 못 보고 그토록 좋아하는 설교도 할 수 없을 거야. 원고를 쓸 수 없으니까 이제 모든 것은 끝났어. 네 목회는 여기서 끝이야'라고 속삭였습니다. 목사인 그도 육신의 질병 가운데 다가온 두려움이 얼마나 큰지 견딜 수 없는 고통을 느낀 것입니다. 하지만 그는 조용히 기도하면서 하나님의 음성을 듣고자 했습니다. 그리고 하나님이 모든 것을 합력해서 선을 이루실 거라는 믿음과 확신을 갖게 되었습니다. 마침내 그는 마음의 위로와 격려를 받고 치유될 수 있었다고 합니다. 그 후 그는 더 깊은 영성을 지닌 미국 최고의 설교자로 쓰임을 받게 되었습니다.

여러분 중에도 몸이 아프거나 환경이 좋지 않은 사람이 있을

것입니다. 그러면 마귀는 그 상황과 문제를 가지고 여러분의 마음을 두려움으로 사로잡으려고 할 것입니다. '넌 이제 끝이야! 네 인생은 이제 끝이라고!' 그러나 그 마귀의 외침과 생각에 속지 않기를 바랍니다. 하나님은 모든 것을 치료하실 수 있습니다. 그러나 하나님이 부르신다면 우리는 더 영화로운 천국에 들어갈 수 있습니다. 우리의 마음에 이런 두려움과 음란과 비방과 탐욕과 거짓을 집어넣는 것이 바로 마귀의 공격이라는 것을 기억하며 살아가기를 바랍니다.

방어 능력이 있어야 한다

|

제가 25사단이라는 부대에서 군종 참모를 할 때 미 2사단과 가까이 있어서 미 2사단 군목(chaplain)들과 교제하는 시간이 있었습니다. 매주 한 번씩 모여서 성경 공부를 하고 미국 문화를 배우는 시간이었습니다. 그 모임에 저와 나이와 계급이 같은 '잔슨'이라는 소령 군목과 나이가 같은 '에콜'이라는 대위이자 여자 군목이 있었습니다. 그런데 놀라운 것은 그 여자 군목이 그 부대에서 소요산까지 구보를 했는데 1등으로 들어왔다는 것입니다. 그래서 에콜에게 어떻게 남자들보다 빨리 뛸 수 있었느냐

고 물었습니다. 그랬더니 그녀는 "저는 대대군목으로 적군과 직접 조우하는 전투 현장에 있기 때문에 전투 현장에 들어가고 나올 때 제가 발이 느리면 병사들의 신변에 위험이 따른다는 것을 알았습니다. 그래서 체력의 중요성을 알고 열심히 준비했습니다"라고 답했습니다. 그때 정말 감동을 받았습니다.

1997년에 저는 미국 국방성(Pentagon)과 군종학교(Chaplain School)를 방문한 적이 있습니다. 그곳에서 끊임없이 듣기로는 미군 군목들은 전 세계 어느 곳이라도 24시간 안에 투입될 수 있도록 항상 전투준비 태세를 갖추고 있다는 것이었습니다. 언제나 깨어서 준비하는 그들을 보면서 최강의 군대가 어떤 것인지 깨닫게 되었습니다.

우리나라도 전면전이 일어날 것을 상정해서 경계와 전쟁의 단계를 구분해 놓았습니다. 바로 '데프콘'입니다. '데프콘'은 영어로 'Defense Readiness Condition', 즉 방어준비 태세를 뜻합니다. 북한군이 쳐들어왔을 때 어떻게 방어할 것인지에 대해 총 다섯 단계가 있습니다. 가장 낮은 것은 데프콘 5단계인 '평상시'입니다. 그 다음 데프콘 4단계는, 전쟁과 평화가 공존하는 대한민국과 같은 '휴전 상태'를 뜻합니다. 평소보다 전쟁의 징후가 농후해지면 데프콘 3단계가 발령됩니다. 그보다 더 긴박해지면 데프콘 2단계가 발령되고 군에서는 실탄이 지급되고 부대 이동과 진지 점령이 이루어집니다. 이때는 휴가 중인 모든 장병이 부대로 돌아가게 됩니다. 그리고 데프콘 1단계는 전쟁이 나는 것입니다. 이것이 바로 방어준비 태세입니다.

또 '워치콘'이라는 말이 있습니다. 대북 정보감시 태세, 'Watch Condition'의 준말입니다. 북한의 움직임에 대해 늘 감시하고 있는데 상황이 어려워지면 이 감시 태세를 높이게 됩니다. 정보위성을 활용하고 정보 자원도 총동원하게 되는데 이것도 단계가 있습니다. 그리고 '인포콘'이라는 말도 있습니다. 'Information Condition', 바로 사이버전 대비 태세를 말합니다.

전쟁에서 가장 중요한 것은 경계 태세입니다. 영적 전쟁에서도 그렇습니다. 경계를 잘하면 얼마든지 이길 수 있습니다. 그래서 맥아더 장군이 "작전에 실패한 장교는 용서할 수 있어도 경계에 실패한 장교는 용서할 수 없다"라는 유명한 말을 한 것입니다. 경계는 매뉴얼(Field Manual, 야전교범)대로, 또 그 매뉴얼을 각 부대에 맞게 적용한 전투세부 시행규칙대로, 그에 따라 훈련받은 대로만 성실하게 하면 이길 수 있는 경우가 많기 때문에 굉장히 중요합니다.

1980년 3월 23일, 북한 간첩들이 한강에 침투한 사건이 있었습니다. 그때 한강을 지키던 9사단 장병들이 그 간첩들을 잡았습니다. 그들은 포상으로 180일 휴가를 받았습니다. 장교도 아니고 일반 병사로 이병과 상병이었던 그들은 눈 동그랗게 뜨고 졸지 않고 관찰하다가 훈련받은 대로 방아쇠를 당겨 격발한 것이었습니다. 경계를 잘한 것입니다.

영적 전쟁에서도 경계가 중요합니다. 마귀가 어떻게 공격해 오는지 공격 양상을 파악하고 우리의 매뉴얼인 성경에 나오는 대로 또 자신이 취약한 부분이 어떤 것인지를 잘 알고 마귀의 공격에 대비하여 경계한다면 우리도 승리할 수 있을 것입니다. 여러분도 그런 영적 승리를 거두기를 바랍니다. 중요한 것은 영적으로 졸지 않는 것입니다.

"기도를 계속하고 기도에 감사함으로 깨어있으라"(골 4:2).

영적 경계란 무엇입니까? 말씀에 나온 대로 "감사함으로 기도에 깨어 있으라"는 것입니다. 그때 마귀의 공격을 잘 알아차리고 영적 전쟁에서 승리할 수 있습니다. 그러므로 예수님을 믿는 사람들은 마귀의 공격이 어떤 양상으로 나타나는지를 잘 알아야 합니다. 또한 마가복음 7장 21-23절에 나오는 마귀의 공격 양상, 즉 음란, 도둑질, 살인, 간음, 탐욕, 악독, 속임, 음탕, 질투, 비방, 교만, 우매함이 모두 영적 공격이라는 것을 기억하기를 바랍니다.

"주께 힘을 얻고 그 마음에 시온의 대로가 있는 자는 복이 있나이다"(시 84:5).

마귀의 공격을 이길 수 있는 능력은 주님과의 교제를 통해 받습니다. 주님과의 교제를 통하여 주님이 주시는 위로와 사랑과 내일에 대한 희망을 가지게 될 때 비로소 우리는 능력을 받게 됩니다. 그러므로 여러분, 사람들과의 만남에만 치중하지 말고 주님과의 교제, 기도하고 말씀을 묵상하고 주님과 동행하는 것에 집중하기를 바랍니다.

"내가 주께 범죄하지 아니하려 하여 주의 말씀을 내 마음에 두었나이다"(시 119:11).

또 영적 전쟁에서 승리하는 능력은 말씀입니다. 말씀이 마음에 있으면 마귀의 공격을 식별할 수 있고 그것을 물리칠 능력을 부여받게 됩니다. 말씀이 능력입니다. 말씀을 가까이 하고 묵상함으로 날마다 승리하기를 바랍니다.

"아버지가 내게 가르쳐 이르기를 내 말을 네 마음에 두라 내 명령을 지키라 그리하면 살리라"(잠 4:4).

"오직 그 말씀이 네게 매우 가까워서 네 입에 있으며 네 마음에 있은즉 네가 이를 행할 수 있느니라"(신 30:14).

"그의 마음에는 하나님의 법이 있으니 그의 걸음은 실족함이 없으리로다"(시 37:31).

하나님의 마음, 말씀이 있으면 실족함이 없는 영적인 승리를 거두게 될 것입니다.

"말하여 이르기를 이스라엘아 들으라 너희가 오늘 너희의 대적과 싸우려고 나아왔으니 마음에 겁내지 말며 두려워하지 말며 떨지 말며 그들로 말미암아 놀라지 말라 너희 하나님 여호와는 너희와 함께 행하시며 너희를 위하여 너희 적군과 싸우시고 구원하실 것이라"(신 20:3-4).

그런데 우리는 마귀와 싸울 때 두려움을 가질 수 있습니다. 하지만 하나님이 우리와 함께하시니 두려워 할 필요가 없습니다. 영적 전쟁의 현장에서 그분이 나와 함께하심을 믿고 담대하기를 바랍니다. 우리는 약하나 그분이 도우시면 분명 이길 수 있습니다.

"그러므로 너희는 마음에 할례를 행하고"(신 10:16).

그런데 우리가 하나님의 도움을 받을 때 해야 할 것이 있습니다. 할례는 남자의 포피를 잘라내는 것인데, 말씀에서는 그 할례를 마음에 하라고 합니다. 마음의 할례란 내 마음에서 잘라내야 할 것이 있다는 것입니다. 영적인 전쟁에서 승리하기 위해서는 우리 안에 있는 간음, 음란, 비방, 탐욕 등의 마음을 잘라내야 합니다. 그것이 곧 마음의 할례입니다.

그런데 전쟁을 하다 보면 맞서 싸워야 할 때가 있고 피해야 할 때가 있습니다. 모두 잘 알고 있는 《손자병법》을 살펴보겠습니다. 손자병법의 1계는 '만천과해'(瞞天過海), 은밀하게 전쟁이 일어날 것을 대비해 전쟁을 준비하라는 것입니다. 그리고 2계는 '위위구조'(圍魏救趙), 전면 공격보다는 우회에서 공격하는 것이 더 효과적이다는 것입니다. 중간의 다른 조항은 생략하고 6계는 '성동격서'(聲東擊西), 동쪽에서 전쟁을 일으킬 것처럼 소리를 지르고 서쪽을 치라는 것으로 적군의 주의를 다른 곳으로 유도하라는 내용입니다. 또 31계는 '미인계'(美人計)로 미인을 이용하여 적장을 공격하라는 것이고, 36계는 '주위상계'(走爲上計)로 여의치 않으면 피하라는 것입니다. 그냥 줄행랑이 아닙니다. 여의치 않은 상황을 피하고 전투력을 복원하여 다시 싸우기 위한 준

비를 하는 것입니다.

마찬가지로 영적 전쟁에도 36계가 있습니다. 피해야 할 것이 있다는 것입니다. 음란의 문제는 그냥 도망가야 합니다. 고린도 전서 6장 18절에도 음행을 피하라고 나옵니다. 피하는 것이 음행을 이기는 것입니다. 다윗은 예쁜 여자를 보고 깊이 묵상하다가 마귀에게 당했습니다. 하지만 밧세바와의 일을 한 번 겪은 다음에 정신을 차리고 피합니다. 나이가 들어서 추울 때 부하들이 젊고 예쁜 여자 아비삭을 데려다 주어도 같이 자지 않은 것입니다. 그는 하나님과 약속한 것이 있기에 피한 것입니다.

"시험에 들지 않게 깨어 기도하라"(마 26:41).

또 우리의 능력은 무엇입니까? 기도입니다. 기도하지 않으면 영적 전쟁에서 승리할 수 있는 분별력도, 능력도, 하나님의 도움도 받기 힘듭니다.

우리의 의지와 상관없이 우리는 영적인 공격을 받고 있는 전투적인 교회의 소속입니다. 끊임없이 마귀는 우리 마음에 악한 생각을 집어넣으며 공격합니다. 그러므로 내 생각이라고 다 믿으면 안 됩니다. 생각을 잘 분별해야 영적 전쟁에서 이길 수 있습니다. 그리고 깨어 있어야 합니다. 깨어 기도하는 사람은 반드시 하나님의 도움 가운데 승리할 것입니다. 마지막으로 여러가지 공격 중 음란의 문제만큼은 바로 피하기를 바랍니다.

우리 모두 영적 전쟁에서 승리함으로 하나님과의 관계를 포함하여 부부와 가족 및 성도와의 관계가 풍성해지기를 바랍니다. 그래서 만나는 사람들에게 행복을 전하는 축복의 통로로 살아가기를 바랍니다. 이러한 기쁨의 승리가 날마다 여러분과 함께하기를 바랍니다.

마귀의 공격을 이길 수 있는 능력은
주님과의 교제를 통해 받습니다.
주님과의 교제를 통해 주님이 주시는 위로와 사랑과
내일에 대한 희망을 가지게 될 때
비로소 우리는 능력을 받게 됩니다.

여호와여 내 입에 파수꾼을 세우시고
내 입술의 문을 지키소서

시 141:3

3

기도로 다스린 입술은 칼보다 강하다

우리는 하루에도 수만 마디의 말을 합니다. 그중에는 하나님이 정말 기뻐하시는 말도 있지만 굉장히 안타까워하시는 말도 많습니다. 다른 사람을 파괴하고 낙심시키고 넘어뜨리는 말, 하나님을 영화롭게 하지 못하는 말은 그냥 나오는 것이 아니라 마귀가 우리 마음에 넣어 준 것입니다.

마귀는 우리가 예수 믿고 난 다음 천국에 갈 때까지 끊임없이 우리를 영적으로 공격합니다. 그래서 우리는 신앙생활 전체가 영적 전쟁이라는 것을 항상 기억해야 합니다. 그러나 두려워하지 말 것은 우리의 지휘관 되신 예수 그리스도가 전지전능하신 만왕의 왕이요 만주의 주이시기 때문에 그분 말씀대로 순종하고 그분의 도움을 구하는 기도를 드리면 반드시 우리가 승리하게 된다는 것입니다.

본문을 현대인의 성경으로 보면 다음과 같습니다.

"여호와여, 내 입에 경비병을 세우시고 내 입술의 문을 지키소서"(시 141:3, 현대인의 성경).

군부대 정문에는 위병소(衛兵所)라는 것이 있습니다. 위병소는 외부 사람들이 들어오는 것을 통제하는 것과 동시에 부대 안의 병사들이 함부로 나가지 못하도록 지키는 곳입니다. 위병소에서 잘 막아야 부대원이 탈영하고 사고 치는 것을 막을 수 있습니다. 우리 입이 바로 위병소와 같습니다. 입이 입 밖으로 나갈 말과 나가지 말아야 할 말을 잘 막아 주면 말로 사고를 치지 않습니다. 그러나 입이 말을 제대로 통제하지 않으면 말 때문에 사고를 많이 치게 됩니다.

그래서 다윗은 하나님 앞에 기도합니다. "여호와여, 내 입에 파수꾼을 세우시고 내 입술의 문을 지켜 주옵소서." 여러분, 마귀가 우리의 말을 공격한다는 사실을 꼭 기억하기를 바랍니다.

이 본문을 묵상하는데 '마귀'라는 단어를 좀 더 연구하고 싶은 마음이 들었습니다. 그래서 가장 권위 있는 신학 사전인《킷텔 원어 사전》을 살펴보았습니다. 그 사전에는 단어 하나하나의 역사적 배경과 문학적 쓰임, 그 말이 구약성경과 신약성경 및 외경에 어떻게 쓰였는지 아주 상세하게 나와 있습니다. '마귀'라는 단어에 대해서도 흥미로운 것을 발견할 수 있었습니다. 단어의 원어적 의미 속에 마귀가 어떤 양상으로 성도들을 공격하는지 잘 나와 있었습니다. 즉 마귀의 속성에서 공격 양상이 나오는 것입니다.

말로 관계를 분열시킨다

|

'마귀'라는 단어는 기본적으로 '분열시킴'(separating)이라는 의미를 가지고 있습니다. 마귀는 하나님과 사람, 사람과 사람 사이를 분열시킵니다. 최초의 인간을 하나님과 분리시킨 것도 바로 마귀입니다. 마귀가 가정에 들어오면 부부 사이에 틈이 생기고 부모와 자식 사이가 분열되기 시작합니다. 또 마귀가 교회에 들어오면 교회가 분열되기 시작됩니다. 그리고 마귀가 직장에 들어오면 직장이 분열됩니다. 그렇다면 마귀는 무엇을 통해 하나님과 사람들을 분열시킬까요? 바로 '말'입니다.

마귀는 처음 사람과 하나님을 분리시킬 때에도 말로 하와를 속였습니다. 지금도 마귀는 우리의 입에서 나오는 말로 하나님과 사람 사이, 사람과 사람 사이를 분열시킵니다. 이간질은 영적 전쟁에서 패배하는 것입니다. 누군가의 사이를 이간질하고 있다면 영적으로 패배한 것입니다.

"비뚤어진 말을 하는 사람은 다툼을 일으키고, 중상하는 사람은 친한 벗들을 이간시킨다"(잠언 16:28, 새번역).

우리의 관계를 '중상모략'한다
|

'마귀'라는 말은 헬라어로 '불평'(complaint)이라는 뜻과 '중상모략'(calumniation)이라는 뜻도 가지고 있습니다. 그러므로 마음속에 무언가 불평이 충만해졌다면 마귀의 공격을 받고 있는 것입니다. '중상모략'이란, 사실이 아닌데 사실인 것처럼 이야기를 꾸며서 누군가를 모함하는 것입니다. 누군가에 대해 중상모략하고 싶거나 그 마음이 가득 찼다면 마귀의 공격을 받고 있는 것입니다.

잠언 16장 28절에서 "말쟁이"는 새번역으로 "중상하는 사람"으로 번역되어 있고 여기서 "이간"이라는 말은 영어 성경에서

‘분리, 분열시킨다’는 뜻의 단어로 표현되었습니다. 왜 중상모략이 관계를 깨뜨리고 파괴하는 것일까요? 중상모략을 들으면 분노가 생기고, 분노가 생기면 그 사람이 보고 싶지 않기 때문입니다. 그래서 결국 관계가 파괴되는 것입니다. 성경에도 그 사실이 분명히 나와 있습니다.

> "북풍이 비를 일으키는 것같이 험담하는 혀는 분노를 일으킨다"(잠 25:23, 현대인의 성경).

그러므로 마음속에 누군가를 험담하고 싶은 마음이 들 때마다 마귀가 공격하고 있다는 것을 깨달아야 합니다. 이러한 분별력을 반드시 갖고 있어야 하는 것입니다. 이 분별력 없이 누군가를 모함하고 있다면, 즉 중상모략하고 있다면 영적 전쟁에서 패배한 것입니다.

‘증오하는 자’, ‘비난자’라는 의미가 있다

‘마귀’의 동의어인 ‘사탄’은 ‘증오하는 자’(the hater), ‘비난자’(accuser)라는 뜻도 있습니다. 누군가를 미워하면 비난을 하게 됩니다.

어느 주일 아침 한 아이가 엄마와 교회를 가려고 준비하고 있었습니다. 늦잠을 자는 바람에 주일 예배에 늦을까 봐 엄마는 마음이 무척 다급했습니다. 그런데 그 사실을 아는지 모르는지 아이는 장난을 치며 늦장을 부렸습니다.

"그만 장난치고 교회 갈 준비해야지."

그러나 아이는 엄마의 말을 듣지 않고 계속 딴청만 부렸습니다. 몇 차례 경고해도 아이의 태도가 바뀌지 않자 마침내 엄마는 화가 터지고 말았습니다. 그리고 하지 말았어야 할 말을 아이에게 했습니다.

"야, 그만 좀 지랄해!"

아차 싶었지만 이미 늦었습니다. 아이는 심한 말을 듣고 난 후 기가 죽어서 엄마를 따라 교회에 갔습니다. 교회에 가니 목사님이 아이의 머리를 쓰다듬으며 "엄마 따라서 교회도 오고 너무 착하다. 교회까지 오는데 얼마나 걸렸니?" 하고 물었습니다. 그러자 아이는 당돌하게 이렇게 말했습니다.

"네. 지랄하면서 오면 20분 걸리고요, 지랄하지 않으면 10분 정도 걸려요."

그 말을 듣고 있는 엄마의 심정이 어땠을까요?

그저 우스갯소리처럼 들립니까? 말이 이렇게 무서운 것입니다. 마음속에 미워하는 마음이 있으면 비난하는 쪽으로 발전하게 됩니다. 더 나아가면 미움이 커져서 험담하고 중상모략하는 말이 입에서 쏟아지기 시작합니다. 이것은 영적 전쟁에서 심각한 패배를 당한 것입니다. 상대방도 무너지고 나도 무너지고 오직 마귀만 승리한 꼴입니다. 그러므로 우리는 이것을 잘 분별해야 합니다.

그래서 다윗은 하나님 앞에 이 기도를 드린 것입니다. 여러분도 입술의 문을 잘 지키어 해야 할 말과 하지 않아야 할 말을 가릴 수 있기를 바랍니다.

"여호와여 내 입에 파수꾼을 세우시고 내 입술의 문을 지키소서"(시 141:3).

수 년 전 〈애틀랜타 저널〉(*The Atlanta Journal-Constitution*)이라는 잡지에 모건 블레이크(Morgan Blake)라는 사람이 이러한 글을 기고했습니다.

"나는 치명적인 타격을 가할 수 있는 힘과 기술을 가지고 있다. 나는 죽이지 않고도 승리할 수 있다. 나는 가정과 교회와 국가를 파괴한다. 나는 수많은 사람의 인생을 파괴하였다. 나는 바람에 날개를 타고 여행한다. 아무리 순결한 사람도 내게는 무력하며 아무리 정갈한 사람도 내게는 무력하다. 나는 진리와 정의와 사랑을 경멸한다. 나는 나의 희생자를 전 역사와 전 세계에 가지고 있다. 나는 바다의 모래보다 더 많은 노예를 가지고 있다. 나는 결코 망각하지 않으며 결코 용서하지 않는다. 내 이름은 중상모략이다."

이 글을 보면 중상모략이 얼마나 무서운 것인지 알 수 있습니다. 순결하고 정갈한 사람, 죄가 없는 사람도 중상모략 때문에 넘어지게 되고 중상모략 때문에 억울하게 파괴당하는 사람이 있다는 것입니다. 그래서 모로코 속담에 이런 말이 있습니다.

"말이 입힌 상처는 칼이 입힌 상처보다 깊다."

제 몸에는 큰 수술 자국이 있습니다. 무려 38바늘을 꿰맨 자국입니다. 초등학교 때 교통사고가 났는데 1960년대 후반에 수술을 받다 보니 요즘처럼 잘되지 않았습니다. 골절된 뼈를 잘 붙게 하려고 보조로 스테인리스를 옆에 붙였다가 다시 빼내다 보니 두 번의 수술을 더 하게 되어서 대퇴부에 큰 상처가 생겼습니다. 그런데 하나님이 잘 고쳐 주셔서 군대에서 200km 행군도 하고 공수 교육도 다 받고 전투 수영도 하고 아무 문제없이 잘 살았습니다. 당시에는 고생도 많이 하고 엄청 큰일이었는데, 이젠 교통사고의 기억조차 거의 나지 않습니다. 꿰맨 자국만 남은 것입니다.

그런데 몸에 난 상처보다 오래 기억나는 것이 있습니다. 마음에 상처가 된 말 한마디입니다. 분명히 용서했지만 이따금 상처로 떠오릅니다. 칼에 찔린 것보다 더 큰 상처는 마음의 상처인 것입니다. 무심코 던지는 말 한마디가 다른 사람에게는 평생 남는 상처가 될 수 있다는 것을 기억하고, 말하는 데 더 주의하기를 바랍니다. 누군가를 증오하고 비방하고 있다면 영적 전쟁에서 패배한 것입니다.

2012년 8월 25일 〈국민일보〉 기사 중에 이런 내용이 있었습니다. '직장생활을 하며 동료를 험담한 적이 있느냐'에 대한 설문조사로 응답자의 80.2%가 그런 적이 있다고 답했습니다. 그런데 놀랍게도 같은 설문조사를 미국에서 했는데 불과 21.2%만 험담한 적이 있다고 답했습니다. 우리가 네 배나 더 많이 다른 사람을 험담한다는 것입니다. 그러니까 우리나라 사회에서 살아남는 사람은 대단한 것입니다. 또 우리 사회가 그만큼 병들어 있다는 것입니다. 근거 없는 험담을 늘어놓는 것이 나의 모습이 아닌지 한번 돌아보기를 바랍니다.

마귀는 끊임없이 우리의 마음을 공격합니다. 나쁜 생각을 넣고 나쁜 말을 하게 합니다. 결국 말 한마디 때문에 관계가 깨지는 것입니다. 하나님이 우리에게 가족을 주시고 행복하게 살게 하셨는데 말 한마디 때문에 한순간에 무너집니다. 부부가 서로 신뢰하고 사랑하면 그곳이 바로 천국이지만, 서로 비방하고 분열이 일어나기 시작하면 지옥이 따로 없습니다. 이렇게 마귀는 말로 우리의 행복을 빼앗고 있는 것입니다.

'소문을 퍼뜨리는 자'라는 의미가 있다

'마귀'라는 말은, '소문을 퍼뜨리는 자'(talebearer)라는 뜻도 가지고 있습니다. 말을 만들어낸 사람만 나쁜 것이 아니라 그 말을 전달하는 사람도 나쁩니다. 누군가에게 이상한 말을 들었는데 확인도 하지 않고 그 말을 전하는 것도 마귀에게 이용당하는 것입니다. 그러므로 확인되지 않은 말은 전달하지 마십시오. 그것을 전하는 것은 영적 전쟁에서 패배한 것입니다.

"사연을 듣기 전에 대답하는 자는 미련하여 욕을 당하느니라"(잠 18:13).

성경에는 사연을 듣기 전에, 전후좌우를 다 살펴보기 전에 말을 전달하는 것은 미련하여 욕을 당하게 된다고 나와 있습니다.

"두루 다니며 한담하는 자는 남의 비밀을 누설하나 마음이 신실한 자는 그런 것을 숨기느니라"(잠 11:13).

또 이곳저곳을 다니며 이야기를 옮기는 사람을 아주 나쁜 사람이라고 합니다. 그렇게 말하는 사람은 나중에 어떻게 됩니까?

"미련한 자의 입은 그의 멸망이 되고 그의 입술은 그의 영혼의 그물이 되느니라"(잠 18:7).

그 일 때문에 멸망당할 일, 마치 물고기가 그물에 잡혀 새에게 먹히는 것처럼 말을 퍼뜨린 것 때문에 인생에서 엄청난 위기를 당할 수 있다는 것입니다. 그럼에도 사람들은 왜 말을 잘 퍼뜨리는 것일까요?

"남의 말하기를 좋아하는 자의 말은 별식과 같아서 뱃속 깊은 데로 내려가느니라"(잠 18:8).

남의 말하기를 좋아하는 사람들은 별식을 먹는 것처럼 그것을 맛있어합니다. 그 맛을 즐기면서 소문을 퍼뜨리는 것입니다. 그리고 그런 사람들의 말에 현혹되어서 그 말을 또 전달합니다. 특별히 안 좋은 관계에 있는 사람에 대한 말이면 거기에 말을 더해서 깨소금도 치고 참기름도 뿌려서 소문을 퍼뜨립니다. 그것이 영적인 전쟁에서 패배당하는 것인 줄도 모르고 즐기는 것입니다.

"너희는 너희 아비 마귀에게서 났으니…이는 그가 거짓말쟁이요 거짓의 아비가 되었음이라"(요 8:44).

사람들이 하는 모든 거짓의 뿌리는 마귀입니다. 마귀가 눈에 보이지 않으니까 없는 줄 알지만 마귀는 분명히 실재합니다. 그러므로 우리는 우리 교회와 공동체가 소문을 퍼뜨리는 장소는 아닌지 언제나 주의해야 합니다. 만약 그렇다면 우리는 마귀에게 번번이 참패당하고 있는 것입니다.

사랑하는 여러분, 어떤 이야기를 들어도 확실하게 그 말이 사실이라고 확인되기 전까지는 말을 전달하지 말고 영적 전쟁에서 승리하기를 바랍니다. 사실이어도 덕을 세우지 않는 말은 하지 말기를 바랍니다. 또한 사도 바울은 "모든 것이 가하나 모든 것이 덕을 세우는 것은 아니니"(고전 10:23 참고)라고 했습니다. 교회는 덕을 세우는 곳이어야 합니다. 그래야 승리하게 됩니다.

"칼로 찌름 같이 함부로 말하는 자가 있거니와 지혜로운 자의 혀는 양약과 같으니라"(잠 12:18).

어떤 사람의 말은 보약과 같습니다. 말만 들어도 위로가 되고 다시 일어설 힘을 얻습니다. 반대로 어떤 사람의 말은 칼로 가슴을 후비는 것 같습니다. 그런데 안타깝게도 그런 사람은 교회 밖이 아니라 교회 안에 있습니다. 그래서 가장 불행한 군인은 아군의 총에 맞아 죽은 군인이라는 말이 있는 것입니다. 격려하는 말은 보약이지만, 중상모략 같은 말은 전부 총알입니다. 맞으면 아프고 쓰러져서 인생에 큰 피해를 당하게 됩니다.

"사람은 입의 열매로 인하여 복록을 누리거니와 마음이 궤사한 자는 강포를 당하느니라"(잠 13:2).

입을 지키는 자는 자기의 생명을 보전하고 큰 열매를 얻습니다. 그러나 마음이 궤사한 자는 그 입의 열매로 강포를 당한다는 것입니다.

"죽고 사는 것이 혀의 힘에 달렸나니 혀를 쓰기 좋아하는 자는 혀의 열매를 먹으리라"(잠 18:21).

뱉은 말에 대한 대가는 반드시 지불하게 되어 있습니다. 격려의 말을 하면 격려가 돌아오고 험담을 하면 책임이 돌아옵니다.

"네가 말이 조급한 사람을 보느냐 그보다 미련한 자에게 오히려 희망이 있느니라"(잠 29:20).

조급하면 실수를 하게 됩니다. 너무 쉽게 말을 내뱉는 사람은 그 기질을 성령의 은혜로 잘 다스려야 합니다. 말씀에 비추어 보면 하나님은 머리 좋고 말을 조급하게 하는 사람보다 머리 나쁘고 참는 사람에게 복을 주십니다.

"입과 혀를 지키는 자는 자기의 영혼을 환난에서 보전하느니라"(잠 21:23).

"누구든지 스스로 경건하다 생각하며 자기 혀를 재갈 물리지 아니하고 자기 마음을 속이면 이 사람의 경건은 헛것이라"(약 1:26).

아무렇게나 생각나는 대로 기분껏 말하는 사람은 아무리 기도를 많이 하고 성경을 많이 본다고 해도 경건한 사람이 될 수 없습니다. 우리의 경건을 측량할 수 있는 척도는 '말을 얼마나 아끼느냐', '할 말과 하지 말아야 할 말을 가릴 수 있느냐' 하는 것입니다.

《킷텔 원어 사전》의 정의를 통해 중요한 네 가지 내용을 알게 되었습니다. '마귀'라는 단어는 첫째, '분열시키는 자'라는 뜻이 있습니다. 둘째, '불평하고 중상모략하는 자'라는 뜻이 있습니다. 셋째, '미워하고 비난하는 자'라는 뜻이 있습니다. 마지막으로 '소문을 퍼뜨리는 자'라는 뜻이 있습니다. 우리 안에 이러한 마음이 있다면 마귀에게 공격당하고 있는 것입니다. 그것을 잘 분별하고 마귀의 공격에서 이기기를 바랍니다.

우리 교회 홈페이지 게시판에 한 장로님이 올린 글입니다. 이 이야기를 나누는 것은 우리가 누군가에게 상처를 주었을 때 어떻게 그 상처를 치유하고 회복시킬 수 있는지를 알려 주기 때문입니다.

"남편이 미울 때마다 아내는 나무에 못을 하나씩 박았습니다. 남편이 바람을 피우고 외도를 할 때마다 큰 대못을 쾅, 쾅, 쾅 소리 나게 때려 박기도 했습니다. 남편이 술을 마시고 때리고 욕설을 하거나 화나는 행동을 할 때에도 크고 작은 못을 하나씩 박았고 못은 점점 늘어났습니다. 그러던 어느 날 아내는 남편을 불러 못이 박힌 나무를 보여 주며 이렇게 말했습니다.

'여기 박혀 있는 못은 당신이 잘못할 때마다 내가 하나씩 박은 것입니다. 그런데 이제는 박을 곳이 없습니다. 이 일을 어찌 하면 좋을까요?'

나무에는 크고 작은 못이 수없이 박혀 있었습니다. 남편은 못

박힌 나무를 보고 말문이 막혔습니다. 그날 밤 남편은 아내 몰래 나무를 끌어안고 소리 내어 엉엉 울었습니다. 그 후 남편은 차츰 변하기 시작했습니다. 지극히 아내를 위하고 아끼는 남편으로 변하기 시작한 것입니다.

어느 날 아내가 남편을 다시 불렀습니다.

'여보, 이것 보세요. 당신이 나에게 잘해 줄 때마다 못을 하나씩 뽑았더니 이제는 못이 하나도 없어요.'

그러자 남편이 말했습니다.

'여보, 그래도 아직 멀었소. 그 못은 모두 뺐다 할지라도 못 박힌 자국은 그대로 남아 있지 않소.'

그 말에 아내는 너무 고마워서 펑펑 울고 말았습니다."

이 글을 쓴 장로님은 글의 말미에 이렇게 남겼습니다.

"우리가 살아가면서 눈에 보이는 상처는 쉽게 치료할 수 있습니다. 하지만 눈에 보이지 않는 상처는 쉽게 치료할 수 없습니다. 어떤 무기로 남을 해친 것보다 수많은 나쁜 말로 알게 모르게 가족과 타인의 가슴에 못을 박는 일은 없었는지요. 지난날 누군가의 가슴에 못을 박았다면 그것을 빼 주고 구멍 난 못 자국을 사랑으로 다 메워 줄 수 있기를 바랍니다."

사랑하는 여러분, 우리는 어리석게도 마귀가 공격하는 것을 분별하지 못하고 살 때가 많습니다. 공동체를 분열하려는 마음,

가정을 해체하려는 마음, 누군가를 미워하는 마음, 비난하는 마음, 중상모략하는 마음, 확인되지 않은 말을 소문으로 퍼뜨리는 마음은 모두 마귀의 공격입니다. 그러므로 그러한 마음이 들 때마다 마귀의 공격이라는 것을 분별하고 거부하며 차단하는 승리가 여러분 가운데 있기를 주님의 이름으로 축원합니다. 그리고 이런 식으로 마귀에게 이용당한 적이 있다면 회개하고 그것을 분별하고 승리할 수 있도록 기도하기를 바랍니다.

"주님, 내 말을 공격하는 마귀의 공격을 분별하고 이기게 하여 주옵소서!"

모이기를 폐하는 어떤 사람들의 습관과 같이 하지 말고
오직 권하여 그 날이 가까움을 볼수록 더욱 그리하자

히 10:25

4

믿음의 승패는 영적 습관에 달렸다

"나는 누구일까요? 나는 항상 당신과 함께 있습니다. 나는 당신의 조력자가 될 수도 있고 가장 무거운 짐이 될 수도 있습니다. 나는 당신을 성공으로 이끌 수도 있고 실패로 끌어내릴 수도 있습니다. 나는 쉽게 관리할 수 있습니다. 당신이 어떻게 하고 싶은지 말만 하면 나는 몇 차례 레슨을 받은 후에 그 일을 스스로 할 수 있습니다. 나는 모든 위대한 사람의 하인이고 모든 실패한 사람의 하인이기도 합니다. 나는 위대한 사람들을 위대하게 만들었고 실패한 사람들을 실패하게도 만들었습니다. 나는 기계처럼 정확하고 인간의 이성을 통해 일하지만 기계가 아닙니다. 당신은 나를 이용해서 성공할 수도 있고 망할 수도 있습니다. 나를 선택하십시오. 훈련시키십시오. 나를 엄격하게 다루십시오. 그러면 나는 세계를 당신의 발 앞에 바치겠습니다. 나를 우습게 대하면 당신을 파괴할지도 모릅니다."

여기서 '나'는 습관입니다. 습관은 이렇게 강력한 힘을 가지고 있는 것입니다.

에리히 케스트너(Erich Kastner)라는 독일 작가가 친구와 함께 열차를 타고 장거리 여행을 하고 있었습니다. 친구는 피곤했는지 의자에 앉더니 금세 잠이 들었습니다. 한참 가고 있는데 잠든 친구가 깜짝 놀라 일어나서 다급히 시계를 찾았습니다. 그리고 "오, 수면제 먹을 시간인데 깜빡 잊을 뻔했네"라며 수면제를 먹고는 다시 잠들었다고 합니다. 수면제 없이도 잘 수 있는데 습관적으로 그 시간에 깨어 수면제를 먹은 것입니다.

습관은 이렇게 우리를 강력하게 통제합니다. 마귀는 습관을 통해 우리를 통제하고 점령하고 악용하려 합니다. 본문의 말씀도 습관에 대한 내용입니다. 초대 교회 성도들에게 좋지 않은 습관이 있었는데, 그것은 예배와 교회 모임에 열심을 내지 않는 것이었습니다. 그 이유가 무엇일까요?

"모이기를 폐하는 어떤 사람들의 습관과 같이 하지 말고 오직 권하여 그 날이 가까움을 볼수록 더욱 그리하자"(히 10:25).

왜 그런 습관이 나타났는가

|

F. F. 브루스(Frederick Fyvie Bruce)라는 성경 학자는 사도 시대 후기의 성도들에게 나타난 몇 가지 현상에 대해 다음과 같이 말했습니다.

"첫째, 신앙의 미성숙과 영적인 게으름으로 교회의 모임을 등한시하는 사람들이 있었다. 둘째, 사회적 지위가 높은 사람들이 교회 안에 들어와 우월감을 내세우며 자기 자랑을 했고 그에 대한 상처 때문에 교회를 멀리하는 사람들이 있었다. 셋째, 예수를 믿고 따르는 데 손해를 감수해야 했기 때문에 교회 공동체를 멀리하는 사람들이 있었다."

브루스는 히브리서 기자가 모이기를 폐하는 습관이 더 큰 영적인 패배를 만들 수 있기 때문에 교회에 나아가 사랑과 선행을 격려받으라고 한 것이라고 말했습니다. 모임을 습관적으로 빠지는 사람들이 있었다는 사실에 초점을 맞추고 해석한 것입니다.

한편 유명한 강해설교가인 아더 핑크(Arthur Pink)는 히브리서 10장 25절에 나온 "어떤 사람들의 습관"이란 이미 사탄의 공격을 받은 상태라고 말합니다. 즉, 사탄은 히브리서를 수신한 성도들이 기독교의 예배와 모임에 참석하지 못하게 하는 정도가 아니라, 의도적으로 그들이 교회를 완전히 떠나게 하도록 공격한다는 것입니다. 그러면서 이렇게 습관적으로 빠지는 것이 사탄의 공격임을 밝히고, 사탄의 궁극적인 목적은 모임에 빠지는 정도가 아니라 교회를 완전히 떠나 신앙을 잃어 버리게 하는 데 있다는 것을 설명해 줍니다.

C. S. 루이스는《스크루테이프의 편지》라는 책을 통해 마귀의 전략을 보여 줍니다. 그 책에는 "만일 개종한 사람의 습관이 전과 동일하다면 그 습관 때문에 그 사람은 그리스도 안에 있는 삶을 거의 실현하지 못할 것이다"라는 말이 나옵니다. 예수님을 만나기 전에 가지고 있던 옛 습관이 여전히 나를 지배하고 있다면 예수 그리스도가 주시는 풍성한 삶을 누릴 수 없습니다. 왜냐하면 그 습관 가운데 마귀가 나를 장악하는 부분이 있기 때문입니다.

습관에는 두 종류가 있습니다. 하나는 하나님께 영광이 되고나와 이웃에게도 유익한 것으로, '플러스 습관'이라고 부를 수 있습니다. 그리고 다른 하나는 '마이너스 습관'입니다. 이것은 나에게 영적, 정서적, 신체적으로 피해가 되는 습관입니다. 또한 하나님께 영광이 되지 않고 이웃에게도 유익이 되지 않는 것입니다. 그런 차원에서 보면 본문의 습관은 마이너스 습관입니다. 먼저 성경 전체에 나온 플러스 습관을 살펴봅시다.

플러스 습관

|

성경에는 아주 탁월한 플러스 습관이 나옵니다. 그것은 십자가 사건을 앞두신 예수님의 모습에서 발견할 수 있습니다.

"예수께서 나가사 습관을 따라 감람 산에 가시매 제자들도 따라갔더니 그 곳에 이르러 그들에게 이르시되 유혹에 빠지지 않게 기도하라 하시고 그들을 떠나 돌 던질 만큼 가서 무릎을 꿇고 기도하여 이르시되 아버지여 만일 아버지의 뜻이거든 이 잔을 내게서 옮기시옵소서 그러나 내 원대로 마시옵고 아버지의 원대로 되기를 원하나이다 하시니 천사가 하늘로부터 예수께 나타나 힘을 더하더라 예수께서 힘쓰고 애써 더욱 간절히 기도하시니 땀이 땅에 떨어지는 핏방울 같이 되더라"(눅 22:39-44).

예수님의 아주 좋은 습관은 감람산으로 나아가시는 것이었습니다. 그리고 그곳에서 기도하셨습니다. 기도하지 않으면 마귀의 유혹에 빠지고 패배하기 때문입니다. 말씀에서 예수님은 인생에서 가장 무거운 기도를 하고 계셨습니다. 십자가의 죽음을 감당하셔야 했기 때문입니다. 마귀는 십자가를 앞에 두고 예수님을 위협했습니다. "너 정말 저 무서운 십자가를 질 수 있겠느냐?" 예수님의 마음속에 엄청난 공포심이 밀려왔을 것입니다.

그때 마귀의 공격을 이길 수 있는 유일한 수단은 기도였습니다. 그리고 그 기도는 습관이 되어 있는 강력한 것이었습니다.

여러분, 시련을 당하면 기도가 막힐 때가 있습니다. 가슴이 탁 막히고 기도가 안될 때가 있는 것입니다. 그런데 기도가 몸에 배여 있으면 그 힘든 순간에도 기도하게 됩니다. 기도의 습관이 있으면 세상을 이기는 하나님의 사람이 될 수 있는 것입니다. 그래서 경건한 습관이 중요합니다. 그것이 바로 플러스 습관입니다.

"새벽 아직도 밝기 전에 예수께서 일어나 나가 한적한 곳으로 가사 거기서 기도하시더니"(막 1:35).

전날 예수님의 일정을 살펴보면 예수님은 매우 바쁘고 고단한 하루를 보내셨습니다. 그럼에도 예수님은 새벽에 일찍 일어나서 기도의 자리로 나아가셨습니다. 이런 기도의 습관이 있었기 때문에 십자가 앞에서 사랑하는 제자들이 다 도망가고 가룟 유다가 배신한 상황 속에서도 묵묵히 기도하실 수 있었던 것입니다. 예수님의 이러한 습관은 플러스 습관의 전형적인 모습입니다.

마이너스 습관

|

이번에는 우리를 망하게 하는 습관, 마이너스 습관을 살펴보겠습니다. 먼저 본문에 나온 것처럼 예배나 교회 모임에 빠지는 것은 마이너스 습관입니다. 교회 모임에 자꾸 빠지다 보면 신앙이 식어 버리고 왜곡되고 연약해집니다. 사탄의 공격에 무릎 꿇기 쉬워집니다. 그러므로 예배나 교회 모임에 빠지는 습관이 있다면, 얼른 그 습관을 고치고 삶의 우선순위를 예수님을 만나는 일에 두기를 바랍니다.

유명한 부흥 설교자인 D. L. 무디(Dwight Lyman Moody)에게 한 여 성도가 "목사님, 교회에 가면 보기 싫은 사람이 있는데 집에서 혼자 예배드리면 안 될까요?"라고 질문했습니다. 그 당시 무디가 있던 시카고는 굉장히 추웠는데, 그는 난로에 있던 활활 타오르던 조개탄 하나를 꺼내 놓았습니다. 시간이 지나고 열기가 식으면서 조개탄이 점점 회색으로 변해가자 그는 이렇게 말했습니다.

"자매님, 신앙은 함께 있으면 불타오르지만 혼자 있으면 식어 버립니다."

그 말을 듣고 그 여 성도는 다시 공동체 안으로 들어갔다고 합니다. 여러분, 예배와 교회 공동체의 중요한 모임에 빠지는 습관은 우리를 마귀에게 패배하게 만드는 마이너스 습관입니다.

이와 관련된 재미있는 이야기가 있습니다. 어느 죄수가 감옥살이를 하는데 너무나 무료했습니다. 그런데 가만히 보니 감옥 바닥에 개미가 기어 다니는 것입니다. 제법 큰 개미가 있어서 한 마리를 잡았습니다. 그리고 그 개미를 3년 동안 훈련시켜서 마침내 개미에게 '차렷' 자세를 시킬 수 있게 되었습니다. 시간이 흘러 출소의 날이 되어 세상으로 나온 그는 꿈에도 그리던 애인을 만나서 '차렷' 자세를 하는 개미를 보여 주었습니다. 그랬더니 애인이 너무나 즐거워하며 "당신은 3년을 허비하지 않고 개미를 조련하면서 보냈군요"라고 그의 노고를 인정해 주었습니다. 사랑하는 애인으로부터 인정을 받고 신이 난 남자는 그 개미를 자랑하려고 식당에 가서 개미를 테이블에 올려놓고 웨이터를 불렀습니다. "웨이터, 이것 좀 보시오." 바로 그 순간 웨이터는 "아이고, 손님 죄송합니다. 개미가 있었네요" 하며 엄지로 개미를 꽉 눌러서 죽여 버렸습니다. 그렇게 허무하게 3년 동안 훈련시킨 개미가 죽은 것입니다.

웨이터가 3년 동안 훈련시킨 개미를 그냥 꾹 눌러 죽인 것처럼 마귀는 훈련받은 신앙의 기본자세를 한순간 흩트려 버립니다. 신앙생활에도 기본자세가 있습니다. 바로 교회입니다. 예배를 제대로 드리지 못하면 은혜도 못 받고 기도 응답도 잘되지 않습니다. 그런데 요즘은 주일을 지키고 예배드리는 것이 너무나 망가져 있습니다. 기분 내키는 대로 교회에 오거나 혹은 아예 오지 않습니다. 신앙생활의 기본이 무너진 것입니다. 교회는 아무리 부족해도 공동체입니다. 우리는 개인의 신앙고백으로 구원을 받지만 사실은 공동체로, 즉 그리스도의 몸의 한 구성원으로 부름 받은 것입니다. 내 맘에 들지 않는다고 혼자서 예배를 드리는 것은 심각한 문제입니다. 우리는 그리스도의 몸의 한 지체입니다. 그러므로 우리는 주일에 혼자 예배드리는 것이 아니라 그리스도의 몸과 함께 예배드려야 하는 것입니다.

물론 특수한 예외도 있습니다. 병원에 입원 중인 성도, 격오지에 근무하는 장병과 직원들은 혼자서 예배를 드릴 수도 있습니다. 그러나 이런 예외가 일반화되어 가는 오늘의 한국 교회는 분명히 문제가 있는 것입니다. 한국의 초대 교회 성도들은 주일 성수를 생명으로 여겼습니다. 주일 성수를 생명으로 여기는 것은 플러스 습관입니다. 반대로 주일을 아무렇게나 생각하고 지키지 않는 것은 마이너스 습관임을 명심해야 합니다.

신앙생활의 기본인 예배가 흐트러지는 것은 시간에서 나타납니다. 밤새 일해서 지치고 피곤한 몸으로 조금 늦는 것을 잘못되었다고 하는 것이 아닙니다. 그런데 1년 365일 52주 줄기차게 늦는 것은 심각한 문제입니다. 왕이신 하나님을 만나러 나오는데 마음을 다해야 하지 않을까요? 여러분 모두 예배를 위해 일찍 와서 기도하고 찬양하는 플러스 습관을 갖기를 바랍니다. 더 나은 예배자, 기본이 더 잘된 예배자, 하나님을 영화롭게 하는 예배자가 되기를 바랍니다. 어떤 사람은 축도도 끝나기 전에 가는데 축도를 통하여 하나님의 복이 임하는 시간을 놓치지 마십시오. 예배의 처음부터 끝까지 자리를 지키는 경건한 플러스 습관이 있기를 바랍니다.

첫 번째 마이너스 습관은 모이기를 폐하는 것이고, 두 번째 마이너스 습관은 불순종이 습관이 되는 것입니다.

"네가 평안할 때에 내가 네게 말하였으나 네 말이 나는 듣지 아니하리라 하였나니 네가 어려서부터 내 목소리를 청종하지 아니함이 네 습관이라"(렘 22:21).

이 말씀은 하나님이 예레미야를 통하여 유다 백성에게 경고하는 내용으로, 그 백성이 하나님의 말씀을 듣지도 않고 따르지도 않았다는 것입니다. 우리 중에도 청종(聽從)하는 예배자가 있는 반면 그렇지 않은 습관을 가진 예배자가 분명히 있습니다. 하나님은 정말 좋으신 분이기 때문에 우리의 잘못대로 우리를 처벌하지 않으십니다. 하나님이 우리를 말씀에 불순종한 그대로 처벌하신다면 우리 중에 어느 누구도 남아 있을 수 없을 것입니다. 하나님의 사랑과 자비 때문에 우리가 이만큼 살 수 있는 것입니다. 그러나 분명한 것은 순종하면 더 큰 은혜와 복을 주신다는 사실입니다.

> "나의 계명을 지키는 자라야 나를 사랑하는 자니 나를 사랑하는 자는 내 아버지께 사랑을 받을 것이요 나도 그를 사랑하여 그에게 나를 나타내리라"(요 14:21).

> "이르되 이스라엘의 하나님 여호와여 위로 하늘과 아래로 땅에 주와 같은 신이 없나이다 주께서는 온 마음으로 주의 앞에서 행하는 종들에게 언약을 지키시고 은혜를 베푸시나이다"(왕상 8:23).

"주의 앞에서 행하는 종들"이란 순종하는 성도를 가리킵니다. 순종이 습관이 되기를 바랍니다. 제자 훈련은 쉽게 말하면 순종 훈련입니다. 좋은 성도, 좋은 제자는 바로 순종하는 사람인 것입니다. 그러나 마귀는 어떤 구실을 대서든 불순종하게 만들고 그것이 습관이 되게 합니다. 복된 신앙생활을 하기를 바란다면 불순종의 습관을 내려놓고 순종하는 습관을 가져야 합니다.

세 번째 마이너스 습관은 교회의 중심에 들어오지 않고 주변을 맴도는 것입니다.

> "어느 날 그들이 실로에서 먹고 마신 후에 한나는 일어나 성전으로 갔
> 다. 그때 제사장 엘리는 평상시의 습관대로 성전 문 앞 의자에 앉아 있었
> 다"(삼상 1:9, 현대인의 성경).

한나가 실로에서 먹고 마신 후 성전으로 갔습니다. 그때 제사장 엘리는 평상시의 습관대로 성전 문 앞에 앉아 있었습니다. 본문을 묵상하면서 사무엘상 4장 13절이 떠올랐습니다.

> "그가 이를 때는 엘리가 길 옆 자기의 의자에 앉아 기다리며 그의 마음이
> 하나님의 궤로 말미암아 떨릴 즈음이라 그 사람이 성읍에 들어오며 알리
> 매 온 성읍이 부르짖는지라."

엘리는 이스라엘의 영적 지도자였습니다. 그는 성전 문 앞에 앉아 있는 것이 아니라 성전의 중심으로 들어가 기도해야 했습니다. 모세오경을 펼쳐놓고 말씀을 묵상해야 하는 사람이었습니다. 그것이 아니라면 성전 안에서 다른 봉사를 해야 했습니다. 그런데 그는 성전 중심이 아니라 성전 문 앞에 의자를 펼치고 앉아 있었습니다. 이것이 엘리의 비극입니다. 그는 최고의 영적 지도자였지만 성전의 중심부로 들어가지 않고 성전 변두리에 그저 좋은 사람으로 남아 있었습니다. 하나님의 일은 사람이 좋은

것만으로는 되지 않습니다. 그것만으로는 하나님께 쓰임을 받을 수 없는 것입니다. 우리 중에도 마땅히 교회의 중심으로 들어가 섬겨야 하는데 섬기지 않는 사람이 많습니다. 그러나 계속 그렇게 있다면 엘리처럼 신앙과 인생에 실패할 수 있습니다.

엘리는 인간적으로 볼 때는 좋은 사람이었습니다. 기도하는 한나를 오해하고 술주정한다고 책망했을 때도, 한나가 "아닙니다. 슬픈 일이 있어서 읊조리고 있는 것입니다"라고 했더니 금방 사과할 만큼 인격적으로 훌륭한 사람이었습니다. 그러나 그는 성전 중심으로 들어가서 기도하고 묵상하는 삶을 살지 않았습니다.

사랑하는 여러분, 목회자를 위해 기도하십시오. 목회자가 성전의 변두리만 서성거리는 것이 아니라 예배의 중심, 하나님을 만나는 깊은 영성의 자리에 들어가 말씀을 묵상하고 헌신할 수 있도록 기도하기를 바랍니다. 그것이 목회자와 여러분에게 복이 될 것입니다.

사무엘상 4장은 이스라엘과 블레셋이 전쟁을 하는 상황입니다. 그 상황에서 엘리는 모세같이 해야 했습니다. 아말렉과의 전투에서 산 위에 올라가 기도했던 모세처럼 성전 깊숙이 들어가 기도해야 했습니다. 그럼에도 그는 성전 앞 길가에 의자를 펼쳐놓고 앉아 있었습니다. 그리고 패전과 두 아들의 전사 소식을 듣고 거기서 넘어져 죽는 비극적인 종말을 맞이하게 됩니다. 엘리의 모습을 통해 깨달을 수 있듯이 영적 리더들은 기도해야 할 때 기도해야 합니다. 그렇지 않으면 자신과 공동체 모두 슬픔을 당할 수 있습니다.

엘리의 아들은 어떠했을까요? 그들은 아버지보다 더 심각한 문제를 가진 사람들이었습니다.

> "엘리의 아들들은 행실이 나빠 여호와를 알지 못하더라 그 제사장들이 백성에게 행하는 관습은 이러하니 곧 어떤 사람이 제사를 드리고 그 고기를 삶을 때에 제사장의 사환이 손에 세 살 갈고리를 가지고 와서 그것으로 냄비에나 솥에나 큰 솥에나 가마에 찔러 넣어 갈고리에 걸려 나오는 것은 제사장이 자기 것으로 가지되 실로에서 그 곳에 온 모든 이스라엘 사람에게 이같이 할 뿐 아니라 기름을 태우기 전에도 제사장의 사환이 와서 제사 드리는 사람에게 이르기를 제사장에게 구워 드릴 고기를 내라 그가 네게 삶은 고기를 원하지 아니하고 날 것을 원하신다 하다가 그 사람이 이르기를 반드시 먼저 기름을 태운 후에 네 마음에 원하는 대로 가지라 하면 그가 말하기를 아니라 지금 내게 내라 그렇지 아니하면 내가 억지로 빼앗으리라 하였으니 이 소년들의 죄가 여호와 앞에 심히 큼은 그들이 여호와의 제사를 멸시함이었더라"(삼상 2:12-17).

아버지의 무너진 영성이 두 아들에게 그대로 흘러가 두 아들은 더 심각한 범죄를 저지르는 사람이 되었습니다. 그 결과 그들은 전쟁터에서 목숨을 잃게 됩니다. 사랑하는 여러분, 이 말씀을 통해 '과연 나는 예배의 중심, 은혜의 중심에 있는가?'를 점검해 보기를 바랍니다. 성전 문 앞 의자에 앉아 있는 것이 아니라 예배의 중심, 은혜의 중심으로 들어가서 누리는 그 영성이 여러분의 후손에게까지 흘러가기를 바랍니다. 마귀는 우리를 영적인 주변인이 되도록 몰아가고 그런 행동이 습관화되도록 공격합니다. 이것을 잘 분별하는 은혜가 있기를 바랍니다.

네 번째 마이너스 습관은 세속적 문화가 습관이 되는 것입니다.

> "여러분은 여러분의 하나님 여호와께서 주시는 땅에 들어가거든 그 곳 민족들의 더러운 습관을 본받지 마십시오"(신 18:9, 현대인의 성경).

모세는 약속의 땅에 들어가지 못하기 때문에 후대에게 이렇게 부탁하고 당부합니다. 가나안 땅은 광야와 달리 풍요로운 땅인데, 그곳의 풍요함 가운데 우상을 섬기고 성적으로 문란한 가나안의 문화에 물들지 말고 그것이 습관이 되지 않도록 주의하라는 내용입니다.

지금도 마귀는 우리를 가나안의 문화로 공격합니다. 퇴폐적인 문화가 얼마나 많이 성도의 마음을 점령하고 있습니까? 온갖 영화나 드라마에 불륜과 동성애가 나오고 포르노 관련 콘텐츠가 온라인에 넘쳐납니다. 이것은 가나안의 문화입니다. 우리가 사는 세상에는 극단적인 쾌락주의와 황금만능주의가 판을 치고 있습니다. 그리고 문화는 나도 모르는 사이에 우리를 장악해 버립니다. 깨끗한 물을 마시면 몸이 깨끗해지고 오염된 물을 마시면 몸이 오염되고 병드는 것과 같이 이 시대의 문화가 우리를 타락시키고 오염시키고 멸망시키는 것임을 분별할 수 있기를 바랍니다. 정수기로 물을 걸러내어 먹는 것처럼 예배나 아침 묵상 또는 기도를 통해 모든 타락한 문화를 걸러내고 정수하는 은혜가 있기를 바랍니다.

"여호와께서 이와 같이 말씀하시니라 보라 술잔을 마시는 습관이 없는 자도 반드시 마시겠거든 네가 형벌을 온전히 면하겠느냐 면하지 못하리니 너는 반드시 마시리라"(렘 49:12).

"그러나 이 지식은 모든 사람에게 있는 것은 아니므로 어떤 이들은 지금까지 우상에 대한 습관이 있어 우상의 제물로 알고 먹는 고로 그들의 양심이 약하여지고 더러워지느니라"(고전 8:7).

"너희는 유혹의 욕심을 따라 썩어져 가는 구습을 따르는 옛 사람을 벗어

버리고 오직 너희의 심령이 새롭게 되어 하나님을 따라 의와 진리의 거

룩함으로 지으심을 받은 새 사람을 입으라 그런즉 거짓을 버리고 각각

그 이웃과 더불어 참된 것을 말하라 이는 우리가 서로 지체가 됨이라 분

을 내어도 죄를 짓지 말며 해가 지도록 분을 품지 말고 마귀에게 틈을 주

지 말라 도둑질하는 자는 다시 도둑질하지 말고 돌이켜 가난한 자에게

구제할 수 있도록 자기 손으로 수고하여 선한 일을 하라 무릇 더러운 말

은 너희 입 밖에도 내지 말고 오직 덕을 세우는 데 소용되는 대로 선한

말을 하여 듣는 자들에게 은혜를 끼치게 하라 하나님의 성령을 근심하게

하지 말라 그 안에서 너희가 구원의 날까지 인치심을 받았느니라 너희는

모든 악독과 노함과 분냄과 떠드는 것과 비방하는 것을 모든 악의와 함

께 버리고 서로 친절하게 하며 불쌍히 여기며 서로 용서하기를 하나님이

그리스도 안에서 너희를 용서하심과 같이 하라"(엡 4:22-32).

에베소서 4장 11절에서 말하는 거짓(25절), 분노(26절), 도둑질
(28절), 더러운 말(29절)이 습관이 되는 것은 마귀에게 점령당한
것입니다. 또 악독(31절)은 쓴 뿌리, 상처입니다. 상처는 반드시
십자가의 은혜로 풀어야 합니다. 기도로 풀고 말씀으로 풀고 찬
송으로 풀어야 되는데, 그것을 간직하고 있으면 또 다른 상처와
함께 언젠가는 폭발하게 됩니다. 그리고 그렇게 치유받지 않은

상처는 마귀의 도구가 될 수 있습니다. 노함과 분냄(31절)도 기도를 통하여 뽑아내야 합니다. 말씀 가운데 그것을 완전히 희석시켜야 합니다. 분노의 독극물 같은 성분이 말씀의 생수로 씻어져 희석되어야만 승리하는 삶을 살 수 있기 때문입니다.

사랑하는 여러분, 마음에 분노가 있습니까? 화내는 것이 습관화되어 있습니까? 이러한 마이너스 습관이 여러분을 망가뜨립니다. 가인이 이 분노의 습관 때문에 동생을 쳐 죽이는 엄청난 죄를 저지른 것입니다. 그 다음에 떠드는 것(31절)은 소란스럽고 시끄럽다는 말이 아닙니다. 영어 성경에는 '클레머'(clamor)라고 나오는데, 이 단어의 뜻은 '불평'입니다. 즉 떠드는 것은 불평이 충만한 것으로 이 또한 마이너스 습관입니다. 하나님은 보리떡 한 조각도 감사하는 사람에게 기적을 베풀어 주십니다. 그리고 비방하는 것은 중상모략을 뜻합니다. 있지도 않은 일을 꾸며내는 것으로 이러한 습관은 자신을 망하게 합니다. 마귀의 공격입니다.

지금 나열한 것 중 이런 습관이 자신에게 있다면 주의해야 합니다. 작은 습관이 인생을 망칠 수 있고, 때로는 가정과 교회 공동체를 망하게 하기 때문입니다. 한국 사회에 깊이 뿌리박힌 불평과 원망 그리고 중상모략은 매우 무서운 것입니다. 이 나라, 이 민족이 다시 한 번 감사를 회복할 수 있기를 바랍니다.

성 어거스틴(St. Augustine)은 "우리가 하나님의 말씀을 받아도 순종하지 못하는 것은 우리 마음속에 있는 습관 때문이다. 우리 몸에 밴 습관 때문이다"라고 말했습니다. 우리가 하나님의 말씀을 들어도 몸에 밴 습관대로 사는 것이 편하기 때문에 온전히 순종하지 못한다는 것입니다. 습관은 저절로 나오는 것으로 삶의 90%가 이 습관에 좌우된다고 합니다. 그러므로 우리는 마이너스 습관을 고치고 플러스 습관을 몸에 배게 해야 합니다. 사탄이 우리의 삶에 나쁜 습관이 자리 잡도록 공격하는 것을 막아야 하는 것입니다.

그렇다면 어떻게 마이너스 습관을 제거하고 영적 전쟁에서 승리할 수 있을까요?

마이너스 습관을 이기는 방법

|

그 방법은 두 가지입니다. 첫째, 말씀과 기도로 마음을 바꾸어야 합니다. 습관은 행동을 고쳐야 하고 행동은 마음을 바꾸어야 합니다. 마음을 바꾸는 것은 말씀과 기도입니다.

"너희는 이 세대를 본받지 말고 오직 마음을 새롭게 함으로 변화를 받아 하나님의 선하시고 기뻐하시고 온전하신 뜻이 무엇인지 분별하도록 하라"(롬 12:2).

마음이 새로워지면 옳지 못한 것을 분별하는 분별력이 생깁니다. 잘못된 습관을 분별할 수 있는 것입니다. 그러므로 여러분 모두 기도의 사람, 말씀의 사람이 되기를 바랍니다. 날마다 하나님이 주시는 새 마음을 가질 수 있기를 축원합니다. 이것이 변화의 시작입니다. 스티븐 코비(Stephen Covey)가 쓴 《성공하는 사람들의 7가지 습관》(김영사, 2003)에는 "생각의 씨앗을 뿌리면 행동의 열매를 맺고, 행동의 씨앗을 뿌리면 습관의 열매를 얻는다. 습관의 씨앗은 성품의 열매를 얻고, 성품의 씨앗은 운명을 결정짓는다"라는 내용이 나옵니다.

습관은 우리 인생에 엄청난 영향력을 가진 주요한 요소입니다. 왜냐하면 습관이야말로 날마다 끊임없이 일관성 있게 무의식적으로 우리의 품성을 나타낼 뿐만 아니라 행동을 주도하기 때문입니다. 그러므로 효과적이고 성공적인 인생은 습관이 결정한다고 볼 수 있습니다. 또한 실패하는 인생도 습관이 결정하는 것입니다.

"영혼 없는 몸이 죽은 것 같이 행함이 없는 믿음은 죽은 것이니라"(약 2:26).

둘째, 순종, 즉 행동해야 합니다. 행해야 살아납니다. 전옥표가 쓴《이기는 습관》(쌤앤파커스, 2007)이라는 책이 있습니다. 책에서 저자는 삼성의 마케팅 수장, 유통사령관, 경영자로서의 자신의 경험을 이렇게 이야기합니다.

"수많은 사람을 만나고 지휘해 오면서 일도, 인생도, 비즈니스도, 습관이 결정한다는 사실을 절감해 왔다. 1등도 해본 사람이 하고 이기는 것도 이겨 본 사람이 이긴다. 이기는 습관, 이기는 근성을 가진 사람들은 아주 보잘것없는 일에서조차도 끝장을 본다."

수많은 사람을 만나면서 일과 인생과 사업 모두 습관이 결정한다는 것을 발견했다는 것입니다. 진짜 이기는 습관, 플러스 습관을 가진 사람은 아주 작은 일에서도 끝장을 본다는 것입니다. 이제 여러분의 마이너스 습관이 떠올랐다면 빠른 시일 내로 해결하기를 바랍니다. 그것은 오랜 시간이 걸리더라도 반드시 뽑아내야 할 쓴 뿌리입니다.

또한 그는 "이기는 습관을 가진 사람 중에서 자신에게 관대한 사람은 없다. 귀찮을 정도의 집요한 자기 규제와 자기 관리가 모든 성공의 기본 요소이기 때문이다"라고 했습니다.

자신에게 지나치게 너그러우면 자기 안에서 개혁이 안 일어납니다. 집요하게 자신을 통제해야 하는 것입니다. 다행히도 우리에게는 성령 하나님이 계십니다. 성령님은 우리가 좋은 습관을 가지도록 도와주십니다. 기도하며 말씀을 묵상하면 성령님이 힘을 불어넣어 주십니다. 그래서 우리는 성령님의 도우심으로 습관을 바꿀 수 있습니다. 그러나 분명한 것은 습관이 응급처치식으로 짧은 시간 내에 고칠 수 있는 것이 아니라는 사실입니다.

우주비행사들은 달에 도달하기 위해 거대한 지구의 중력을 돌파해야 합니다. 그래서 우주선이 발사되어 처음 몇 분간 소모하는 에너지의 양이 그 후 며칠 동안 비행하는 에너지의 양보다 더 많다고 합니다. 이처럼 습관도 거대한 중력을 가지고 있습니다. 그것은 우리가 알고 있는 것보다 더 큰 중력입니다. 스티븐 코비는 "습관을 이기는 것이 중력의 법칙을 이기는 것만큼 어렵다"라고 말했습니다. 그만큼 습관을 돌파하려면 엄청난 에너지가 필요하다는 것입니다.

우리는 게으름, 성급함, 상대에 대한 혹평이나 비난, 이기심 등과 같은 마이너스 습관을 갖고 있습니다. 우리가 알고 있듯이 이러한 습관을 바꾸는 것은 상당한 의지와 생활의 변화가 필요합니다. '우주선 발사'에 해당하는 습관의 변화가 시작되는 때에는 굉장한 노력이 요구되지만 일단 중력을 돌파하고 나면 새로운 차원의 자유를 경험하듯이 습관의 변화가 시작되면 그 후에는 좀 더 쉽게 바꾸어갈 수 있을 것입니다.

변화란 때로는 고통스러운 과정입니다. 더 훌륭한 목적과 미래를 위해 현재 생각하고 원하는 것을 포기할 수 있을 때 비로소 변화가 가능하다는 것을 기억하기를 바랍니다. 그리하여 마귀가 점령한 우리의 삶 속에 있는 마이너스 습관이 무너지고 하나님의 통치가 임하는 그 은혜가 여러분의 삶에 임하기를 바랍니다.

아내들이여 자기 남편에게 복종하기를 주께 하듯 하라
이는 남편이 아내의 머리 됨이 그리스도께서 교회의 머리 됨과 같음이니
그가 바로 몸의 구주시니라 그러므로 교회가 그리스도에게 하듯
아내들도 범사에 자기 남편에게 복종할지니라 남편들아 아내 사랑하기를
그리스도께서 교회를 사랑하시고 그 교회를 위하여 자신을 주심 같이 하라
이는 곧 물로 씻어 말씀으로 깨끗하게 하사 거룩하게 하시고
자기 앞에 영광스러운 교회로 세우사 티나 주름 잡힌 것이나 이런 것들이 없이
거룩하고 흠이 없게 하려 하심이라 이와 같이 남편들도 자기 아내 사랑하기를
자기 자신과 같이 할지니 자기 아내를 사랑하는 자는 자기를 사랑하는 것이라
누구든지 언제나 자기 육체를 미워하지 않고 오직 양육하여 보호하기를
그리스도께서 교회에게 함과 같이 하나니 우리는 그 몸의 지체임이라
그러므로 사람이 부모를 떠나 그의 아내와 합하여 그 둘이 한 육체가 될지니
이 비밀이 크도다 나는 그리스도와 교회에 대하여 말하노라
그러나 너희도 각각 자기의 아내 사랑하기를 자신 같이 하고
아내도 자기 남편을 존경하라 자녀들아 주 안에서 너희 부모에게 순종하라
이것이 옳으니라 네 아버지와 어머니를 공경하라
이것은 약속이 있는 첫 계명이니 이로써 네가 잘되고 땅에서 장수하리라
또 아비들아 너희 자녀를 노엽게 하지 말고
오직 주의 교훈과 훈계로 양육하라

엡 5:22-6:4

5
가정은 반드시 지켜야 할 영적 요충지대이다

하나님이 만드신 가정은 천국을 경험할 수 있는 아주 좋은 곳입니다. 그런데 마귀는 하나님을 영화롭게 하고 성도들이 서로 행복할 수 있는 이 가정을 공격해서 전쟁터로 만들고 지옥을 경험하게 합니다. 본문에는 하나님이 설계하신 가정의 모습이 나오는데, 이와 반대인 삶을 살고 있다면 마귀의 공격을 받고 있다는 것을 깨달아야 합니다.

아내는 남편에게 복종하라

|

하나님이 설계하신 가정은 어떤 모습일까요? 첫 번째로, 하나님은 아내에게 남편에게 복종하라고 명령하십니다.

> "아내들이여 자기 남편에게 복종하기를 주께 하듯 하라 이는 남편이 아내의 머리 됨이 그리스도께서 교회의 머리 됨과 같음이니 그가 바로 몸의 구주시니라"(엡 5:22-23).

하나님은 교회의 머리로 예수 그리스도를 세우셨고, 가정의 머리로는 남편을 세우셨습니다. F. F. 브루스는 이 말씀을 "여자의 머리를 남자라고 할 때 '머리'는 근원 또는 기원이라는 의미를 갖는다"라고 해석했습니다. 문맥에서 '머리'는 그에게 부여된 권위를 뜻합니다. 남편이 아내의 머리가 된다는 말은 하나님이 창조 질서 가운데 가정을 만드시고 남편을 권위를 가진 가정의 리더로 세우셨다는 것입니다.

리더가 없는 세상을 생각해 보십시오. 얼마나 혼란스럽겠습니까? 반대로 리더가 있음에도 리더를 존중하지 않는 세상을 생각해 보십시오. 얼마나 큰 혼란이 있겠습니까? 하지만 많은 가정에서 남편의 리더십은 이미 상실되어 있습니다. 가정이 힘들어지는 데는 바로 이런 이유가 있는 것입니다.

게리 토마스(Gary Thomas)는 "우리 남자들은 칭찬에 살아난다. 누가 칭찬해 주면 그 사람의 긍정적인 평가를 그대로 지속시키고 싶어진다. 우리는 아내에게 존중받는 기분을 정말 좋아한다. 아내의 칭찬을 듣거나 대단해하는 눈빛을 보는 것보다 더 진한 감동은 없다. 그것을 계속 얻을 수만 있다면 모든 남자는 땅끝까지라도 갈 것이다"라고 말했습니다. 이렇게 남편은 인정받고 존경받기를 좋아합니다. 왜냐하면 머리의 속성, 즉 리더와 지도자의 속성을 가지고 있기 때문입니다.

그렇다면 아내는 남편에게 어느 정도로 복종해야 할까요?

"그러므로 교회가 그리스도에게 하듯 아내들도 범사에 자기 남편에게 복종할지니라"(엡 5:24).

제대로 된 성도는 그리스도께 복종합니다. 마찬가지로 제대로 된 부인은 남편을 존중하며 그에게 복종합니다. 남편이 정말 존경스러운 사람이라면 이 말씀을 지키기가 편합니다. 하지만 남편이 실망스럽고 존경하기 어려운 사람이라면 어떻게 해야 할까요? 성경에는 어떤 조건이나 상황에 대한 언급이 없습니다. 그냥 범사에 복종하라고 했기 때문에 존경할 수 없는 남편에게도 복종해야 하는 것입니다.

《삼국사기》에는 고구려 제25대 왕인 평원왕의 딸, 평강공주에 대한 이야기가 나옵니다. 왕은 어릴 때 평강공주가 얼마나 많이 우는지 "너 그렇게 울면, 바보 온달에게 시집 보낸다"라는 말로 딸을 달래며 키웠습니다. 그 후 공주는 자라서 당시 결혼적령기인 열여섯 살이 되었습니다. 왕은 딸을 귀족에게 시집보내려고 했습니다. 그런데 평강공주는 "평범한 필부라도 식언을 하지 않는데 왕이 되어서 어찌 하신 말씀을 지키지 않습니까?" 하며 자신이 많이 울면서 자랐으니 온달과 결혼할 거라고 말했습니다. 그 일로 화가 난 왕은 공주와 싸우다가 결국 공주를 궁에서 쫓아냈습니다. 그리고 공주는 바보 온달의 집으로 찾아갔습니다.

《삼국사기》에는 온달에 대해 이렇게 기록되어 있습니다.

"얼굴이 우습게 생겼지만 마음이 밝았다. 집이 찢어지게 가난해서 늘 빌어먹으며 어머니를 봉양했다. 떨어진 옷을 입고 해어진 신을 신고 시정 간을 오고 가니, 그때 사람들이 그를 일러 '바보 온달'이라 했다."

눈 먼 노모와 함께 사는 바보 온달은 심성이 착해서 그들을 찾아온 공주를 받아들이지 않았습니다. 노모는 찾아온 이가 공주인지는 몰랐지만 귀한 집안의 딸인 것을 알고 감히 받아들일 수 없다며 끝까지 반대했습니다. 그러나 돌아갈 곳도 물러설 데도 없는 공주는 사흘 동안 온달과 노모를 설득했고, 결국 승낙을 얻어 노모와 온달과 함께 살게 되었습니다.

공주는 온달을 성공시키기 위해 교육을 하기 시작했습니다. 공주가 온달에게 첫 번째 내린 과제는 시장에 가서 말을 사오라는 것이었습니다. 그리고 이렇게 당부했습니다. "절대로 상인이 파는 말을 사지 말고 군대에서 병들어 팔려고 하는 말을 사 오십시오."

온달은 공주가 시킨 대로 병든 군마를 사왔고, 공주는 그 말을 잘 먹이고 훈련시켜서 명마로 만들었습니다. 그리고 공주는 온달에게 글 쓰는 법, 활 쏘는 법, 말 타는 법을 가르치며 온달이 그 모든 것에 익숙해질 수 있도록 옆에서 도왔습니다.

세월이 흘러 매년 열리는 사냥 대회에 온달이 나가게 되었습니다. 그리고 그는 1등을 했습니다. 평원왕은 그런 바보 온달을 보고 '어떻게 바보라고 불리던 온달이 이렇게 말을 잘 타고 사냥을 잘한단 말인가?' 하며 의아해했습니다. 그러면서 바보 온달을 장군으로 임명했습니다. 그리고 후에 후주(後周)의 무제(武帝)가 많은 병사를 이끌고 고구려를 침략했을 때 온달 장군은 군의 선봉장이 되어 전쟁을 승리로 이끌었고 그제야 왕은 예를 갖추어 온달을 맞이하며 그에게 높은 관직을 주었습니다.

신앙이 없는 평강공주도 이렇게 했으니, 신앙이 있는 우리는 하나님의 도움으로 배우자를 더 잘 세울 수 있습니다. 아내가 남편에게 복종하는 것이 창조의 원리입니다. 남편이 부족하더라도 사람은 누구나 과정 중에 있음을 인정하고 격려하며 존경받는 사람으로 세워가기를 바랍니다.

남편은 아내를 죽기까지 사랑하라

두 번째로, 하나님은 남편에게 아내를 죽기까지 사랑하라고 명령하십니다. 아내를 위해 목숨을 버릴 정도로 사랑해야 한다는 것입니다. F. F. 브루스는 "교회를 위한 그리스도의 사랑은 자기를 희생하는 사랑이고 남편들도 아내를 위해 자기를 희생하는 사랑을 해야 한다"고 했습니다.

그런데 이것은 우리나라 전통 문화와 잘 맞지 않습니다. 우리나라에서는 대부분 여자가 남자를 위해 희생하지, 남자가 여자를 위해 희생하지 않기 때문입니다. 그러나 하나님의 문화, 성경의 문화는 그것과 다릅니다. 그리스도가 교회를 위해 목숨을 주신 것같이 남편은 아내를 위해 목숨을 줄 수 있을 정도로 사랑해야 하는 것입니다. 구체적으로 죽는다는 것은 성질을 죽이고 나쁜 습관을 죽이는 것입니다. 그리고 정말 목숨을 주어야 할 때는 예수님이 교회에 하신 것처럼 아내를 위해 목숨을 내어 주는 것입니다. 그래서 서양 속담에 "결혼은 행복한 순교"라는 말이 있는 것입니다.

그런데 사랑하고 싶지 않은 아내에게도 목숨을 걸어야 할까요? 하나님은 남편들에게 사랑하고 싶지 않은 그 부분까지 완성시켜 가라고 말씀하십니다.

> "이는 곧 물로 씻어 말씀으로 깨끗하게 하사 거룩하게 하시고 자기 앞에 영광스러운 교회로 세우사 티나 주름 잡힌 것이나 이런 것들이 없이 거룩하고 흠이 없게 하려 하심이라"(엡 5:26-27).

우리가 자격을 다 갖추어서 구원받은 것이 아닙니다. 주님이 우리를 구원하시고 거룩하게 만들어가시는 것입니다. 그것이 '성화'입니다. 부부도 마찬가지입니다. 남편은 아내에게 부족함이 있고 마음에 들지 않는 부분이 있어도 그것을 배척하거나 비난하거나 경멸하지 말고 그 부족한 부분을 채워 주어야 합니다.

27절에 "영광스러운 교회로 세우사"라는 말씀을 F. F. 브루스는 이렇게 해석했습니다.

"그것은 왕의 신부를 가리키는 말이다. 왕의 신부로 선택되면, 왕은 그녀에게 가장 아름다운 것을 주며 그녀의 점, 주름, 부족한 모든 것을 완벽하게 보완해 주어 그녀를 영광스러운 신부로 만든다. 마치 그리스도가 우리를 그렇게 만들어가시는 것처럼 남편들도 아내들을 그렇게 만들어가야 한다."

"아내를 왕비 대접하라"는 말이 여기서 나온 것 같습니다. 아내가 왕비면 남편은 왕이 됩니다. 왕비 대접을 하면 왕 대접을 받게 되는 것입니다. 그러므로 남편 여러분, "대접받고자 하는 대로 너희도 남을 대접하라"(마 7:12)는 산상수훈을 기억하며 성경적인 아내 사랑을 실천하기를 바랍니다.

> "이와 같이 남편들도 자기 아내 사랑하기를 자기 자신과 같이 할지니 자기 아내를 사랑하는 자는 자기를 사랑하는 것이라 누구든지 언제나 자기 육체를 미워하지 않고 오직 양육하여 보호하기를 그리스도께서 교회에게 함과 같이 하나니"(엡 5:28-29).

아내를 사랑하면 사실 그 사랑은 다시 나에게 돌아옵니다. 부부는 한 몸이므로 결국 자기 사랑인 것입니다. 양육은 먹이고 입히는 것을 말합니다. 즉 필요를 제공하고 모든 것, 모든 관계, 모든 위험으로부터 보호하는 것입니다. 아내의 필요를 채워 주고 보호하는 것이 아내를 영광스러운 신부로 세워가는 것입니다.

이 시대 최고의 기독교 변증가로 불리는 조시 맥도웰(Josh

McDowell)은 "사랑의 두 가지 행동은 공급과 보호"라고 했습니다. 남편 여러분, 아내를 사랑하는 것은 공급(provide)과 보호(protect)임을 기억하십시오. 그리고 구체적인 행동이 있을 때 그것이 비로소 아내 사랑이 된다는 것을 명심해야 합니다.

2001년에 저는 14년간 몸 담았던 군목회지를 떠나 미국으로 갔습니다. 그리고 그곳 남가주 사랑의교회에서 선임 부목사로 섬기게 되었습니다. 우선 출퇴근을 하며 목회 활동을 해야 하니 차가 있어야 하고, 아이들을 학교에 태워 주어야 할 아내도 차가 필요했습니다. 다행히 저는 담임목사님이 타던 차를 물려주셔서 타게 되었고, 아내는 잠시 후배 목사님의 차를 빌려 탔습니다.

그러던 어느날 아내에게 전화가 왔습니다.

"여보, 조 목사님 차가 없어졌어요."

그래서 저는 쏜살같이 달려갔습니다. 알아 보니 15분 이상 주차하면 안 되는 곳에 차를 세웠다가 견인당한 것이었습니다. 미국 생활 초기에 많이 하는 실수입니다. 아파트 관리실에 물어 차고지를 찾아갔더니 견인비로 127달러를 내라고 했습니다. 부목사 살림에 100달러 넘는 비용은 컸지만 어쩔 수 없이 그 돈을 주고 찾아왔습니다.

그런데 그날 밤 늦게 퇴근해서 들어와 보니 아내의 얼굴이 더 어두워져 있었습니다.

"여보, 오늘 또 무슨 일이 있었어요?"

그러자 아내가 이렇게 답했습니다.

"여보, 오늘 새 차가 나와서 그 차를 몰고 병원에 치료받으러 갔는데 새 차가 너무 잘 달려서 과속으로 경찰에게 범칙금 티켓을 받았어요."

98달러짜리 티켓을 받은 아내는 미안한 기색이 역력했습니다. 하루에 벌금 225달러를 내게 된 것입니다. 이민 생활을 하는 저희에게는 적은 돈이 아니었습니다. 아내에게 조심성 없이 운전했다고 핀잔을 주고 싶은 마음이 있었지만 바로 그때 하나님이 이런 마음을 주셨습니다. '아내가 너를 따라와서 미국 생활에 적응하느라 고생하고 있는데 격려하라.' 그래서 순종하는 마음으로 아내에게 "이렇게 미국까지 와서 고생이 많아요. 무엇이든지 새로 배우려면 수업료를 내야 하는데 우리 미국 생활을 배우는 수업료 낸 셈 칩시다." 저의 이 말에 아내의 얼굴에 있던 어둠이 물러갔습니다.

그런데 그로부터 2주 후 이번에는 제가 경찰에게 걸렸습니다. 새벽부터 밤늦게까지 사역을 하고 집으로 가는 길에 신호등이 노란불로 막 바뀌고 있는지도 모르고 너무 피곤해서 그냥 지나친 것입니다. 그런데 바로 그 순간 경찰차가 따라왔습니다. 차를 길가에 세우라고 해서 세웠더니 키가 크고 육중한 경찰이 손을 허리춤의 권총 위에 얹고 유리창을 내리라고 했습니다. 나는 목사이고 새벽부터 지금까지 일하느라 매우 피곤한 중에 실수했는데 정상 참작해 달라고 했습니다. 하지만 경찰은 알았다고 하면서 무려 280달러짜리 범칙금 티켓을 끊어 주었습니다. 게다가 신호위반은 중대한 문제라 벌점 30점이 주어지는데, 벌점이 누적되면 면허정지까지 갈 수 있기에 벌점을 없애려면 운전학교 교육을 받아야 한다고 했습니다. 그리고 그 교육비가 50달러라고 했습니다. 그러니까 모두 합치면 총 330달러의 벌금을 한 번에 내야 하는 것이었습니다.

우울한 마음으로 집에 들어가 아내에게 자초지종을 설명하고 나니 아내가 말했습니다.

"우리는 어쩜 범칙금 내는 것까지 닮았어요? 우리 미국 생활 배우는 수업료 낸 셈 칩시다."

결국 벌금만 555달러가 나가는 큰 지출이 있었지만 그것이 우리 부부 싸움의 소재가 되지 않은 것은 서로 배려했기 때문이었습니다. 마귀는 돈 때문에 부부를 싸우게 만들지만 서로 배려하고 보호할 때 이런 싸움도 이기게 될 것입니다.

"그러므로 사람이 부모를 떠나 그의 아내와 합하여 그 둘이 한 육체가 될 지니"(엡 5:31).

결혼은 하나가 되는 것입니다. 육체적으로뿐만 아니라 정서적으로 하나가 되고 한 걸음 더 나아가 영적으로 하나가 되는 것입니다. 그렇게 되면 믿지 않는 사람이 경험하지 못하는 부부의 놀라운 은혜와 사랑을 느끼게 됩니다.

바울은 두 사람이 하나가 되는 것을 신비하다고 했습니다. 자라온 배경과 문화가 다른데 영적으로 마음이 맞고 정서적으로 소통이 잘되고 신체적으로 하나가 되면 이상하게 둘인데도 하나의 마음과 하나의 기쁨과 하나의 평안과 하나의 비전을 향하여 나아가게 된다는 것입니다.

결혼은 마치 혼성 2중창과 같습니다. 남성과 여성의 음역이 서로 다르지만 서로 존중하고 배려하며 함께 화음을 만들어 하나가 되는 것처럼, 결혼 생활은 서로의 다름을 다툼이 아닌 화음으로 만드는 것입니다. 이것을 잘하려면 결혼 예배때 입은 예복을 기억하십시오. 남자는 검정색 턱시도, 여자는 흰색 드레스를 입습니다. 검정색은 죽음을, 흰색은 항복을 의미합니다. 이 색상은 결혼 생활에 가장 중요한 것을 보여 주고 있습니다. 신랑이 신부에게 자기 고집과 자존심에 대한 죽음을 선언하고 신부가 신랑에게 자기 고집과 자존심에 대한 항복을 선언하면, 그때부터 부부는 둘이지만 하나가 되는 신비로운 경험을 하게 되는 것입니다. 그래서 바울은 이렇게 말합니다.

"이 비밀이 크도다 나는 그리스도와 교회에 대하여 말하노라"(엡 5:32).

바울이 사용한 '비밀'이라는 단어는 '신비로운 비밀'이라는 뜻의 '미스테리'(mystery)를 사용했습니다. 일반적으로 '미스테리'라는 말은 주로 '잘 모르는 것'이라는 의미로 쓰입니다. 그러나 성경에서는 머리로 이해할 수 없는 하나님의 세계를 뜻합니다. 즉 신비하다는 그 단어가 32절의 이 말씀에 쓰인 것입니다. 부부 생활이 얼마나 은혜롭고 신비로운지, 사람의 머리로 이해할 수 없는 행복이 있다는 것입니다.

"나는 그리스도와 교회에 대하여 말하노라"에서 해석의 실마리를 찾을 수 있습니다. 창조주 하나님이신 예수 그리스도가 미천한 피조물인 인생을 구원해서 교회와 한 몸이 되었다고 합니다. 영적으로 어떻게 하나가 될 수 있었습니까? 높고 높은 하나님이신 예수 그리스도가 이 땅의 낮은 곳으로 임하셨기 때문입니다.

그러므로 부부가 하나 됨의 신비를 경험하기를 원한다면 성육신의 원리를 적용하면 됩니다. 교만한 내 마음이 아내의 위치로, 남편의 위치로 내려가면 되는 것입니다. 남편이나 아내의 부족함에 대하여 동일한 마음을 갖기 시작할 때, 부부는 신비로운 연합의 행복을 누리게 될 것입니다.

"그러나 너희도 각각 자기의 아내 사랑하기를 자신 같이 하고 아내도 자기 남편을 존경하라"(엡 5:33).

남편이 아내를 죽기까지 사랑하고, 아내가 남편을 어떤 상황에서도 존경하면 부부는 하나가 됩니다. 남편이 아내를 자기 몸처럼 사랑하려면 낮아져야 합니다. 아내도 완전한 남편이 없기 때문에 남편을 존경하기 위해서는 낮아져야 합니다.

시애틀에 있는 가트맨 연구소(Relationship Research Institute)에서는 30년 동안 수천 쌍의 부부를 대상으로 대화하는 모습을 조사한 적이 있습니다. 비디오로 찍어서 말의 내용, 표정, 눈빛, 억양, 태도 등 관찰할 수 있는 모든 것을 분류하여 무엇이 결혼 생활을 가장 위협하는지를 연구했습니다. 그 결과 부부를 이혼으로 이끄는 네 가지를 발견했습니다.

첫째, 비난입니다. 비난받아서 좋을 사람은 아무도 없습니다. "음식 맛이 짜다", "싱겁다" 같은 소소한 비판은 당연히 싫고 "못 생겼다", "아는 게 없다", "뭐 하나 제대로 하는 게 없다"같이 인격과 능력에 대한 비난은 자존감과 자부심을 상하게 합니다.

둘째, 경멸입니다. 경멸은 비난보다 더 강한 독약입니다. 조롱과 비웃음은 마음에 깊은 상처를 남깁니다. "호박에 줄 긋는다고 수박 되냐?", "지나가는 개가 웃겠다", "넌 그냥 그렇게 살아"

라는 식의 말과 태도는 암세포처럼 소리 없이 사람을 죽입니다.

셋째, 자기방어입니다. 자기방어는 결국 은근한 공격입니다. "나에게는 문제가 없고 결국 네 잘못이다"라는 식의 책임 전가나 회피입니다. "그러는 당신이 나한테 해준 게 뭔데?", "내가 뭘 잘못했다고? 내 탓이 아니잖아", "내가 하려고 했는데 당신이 나서는 바람에 망했어"라는 식의 자기방어에는 '네가 5t짜리 대포를 쏘면 나는 10t짜리로 반격해 주마'라는 복수심이 숨겨져 있는 것입니다. 또 상대의 가장 아픈 부분을 찔러서 승리를 선점하려는 속셈도 있는 것입니다.

넷째, 담 쌓기입니다. 담 쌓기는 각자의 껍질 안으로 도피하는 것입니다. 비난, 경멸, 자기방어를 해도 발전이 없을 때 쓰는 방식으로 냉담이라고 할 수 있습니다. 상대가 진지하게 말을 꺼내고 의견을 물어도 무반응으로 신문이나 TV만 보는 것, 상대의 질문을 무시한 채 화제를 바꾸는 것, 화를 내고 밖으로 나가거나 문을 닫고 방에 틀어박혀 있는 것도 냉담의 모습입니다. 부부 중 한쪽만 냉담해도 그 관계는 차갑게 식어 버리고, 둘 다 냉담하면 집 안의 공기가 꽁꽁 얼어 버립니다. 이러한 것들이 모두 마귀가 가정을 파괴하려는 공격임을 기억하기를 바랍니다.

자녀는 부모에게 순종하고 공경하라

|

세 번째로, 하나님은 자녀에게 부모에게 순종하고 공경하라고 명령하십니다.

"자녀들아 주 안에서 너희 부모에게 순종하라 이것이 옳으니라 네 아버지와 어머니를 공경하라 이것은 약속이 있는 첫 계명이니"(엡 6:1-2).

부모님께 순종하고 효도하는 것은 옳고, 부모님께 불순종하는 것은 옳지 않습니다. 그렇다면 부모님을 어떻게 공경해야 할까요? '공경'이라는 단어를 연구해 보면 그 답이 나옵니다. '공경'은 원어로 '티마오'(τιμάω)입니다. 이 단어를 두 개의 헬라어 사전을 참고해서 보면 다섯 가지로 설명할 수 있었습니다. 첫째 존경하는 것, 둘째 존경하는 마음으로 섬기는 것, 셋째 사랑의 표시로 방문하는 것, 넷째 그분의 신분을 인정하는 것, 다섯째 재정적인 도움을 드리는 것입니다. 재정적인 도움을 드리는 것에 대해 헬라어 사전의 저자는 디모데전서 5장 3절을 인용합니다.

"참 과부인 과부를 존대하라."

그러므로 부모님이 살아 계실 때 존경하는 마음을 다해 섬기고 사랑으로 방문하며 물질로도 공경해야 합니다. 하나님은 그것을 원하십니다. 그래서 이 약속을 주셨습니다.

"이로써 네가 잘되고 땅에서 장수하리라"(엡 6:3).

에베소서가 기록될 당시는 1세기의 후반입니다. 로마 제국으로부터 엄청나게 기독교가 박해받는 때였습니다. 따라서 F. F. 브루스는 시대적 상황에 비추어 "불확실한 1세기 중엽 로마 제국에 있던 성도들에게 잘되고 장수한다는 약속은 그들의 삶에 큰 확신이 되었을 것"이라고 말씀을 해석했습니다. 인생은 불확실합니다. 5년 후, 아니 바로 5분 후의 일을 알지 못합니다. 그러나 하나님은 분명하게 약속하십니다. 불확실한 시대를 살아가는 우리가 가장 확실하게 하나님의 복을 누릴 수 있는 근거는 부모님을 소중히 여기며 공경하는 것입니다.

부모님의 말씀을 거역하고 부모님께 대드는 것은 마귀가 준 것입니다. 그렇게 마귀는 부모와 자녀 사이를 이간하는 것입니다. 그때 마귀의 공격을 받고 있다는 것을 제대로 분별할 수 있기를 바랍니다.

부모는 주의 교훈과 훈계로 자녀를 양육하라

|

네 번째로, 하나님은 부모에게 주의 교훈과 훈계로 자녀를 양육하라고 명령하십니다.

> "또 아비들아 너희 자녀를 노엽게 하지 말고 오직 주의 교훈과 훈계로 양육하라"(엡 6:4).

  자녀를 키우면서 자녀를 노엽게 하고 상처를 준 것이 얼마나 후회가 되는지 모릅니다. 그 상처를 씻는 데는 많은 시간이 걸립니다. 그러므로 오직 하나님의 말씀으로 자녀를 훈련해야 합니다. 아이들은 부당한 대우를 받을 때 분노합니다. 그리고 부모가 서로 지나친 말이나 행동 또는 학대를 할 때 분노합니다. 부부가 서로 잘 지내는 것이 아이들에게 줄 수 있는 최고의 선물인 것입니다. 또한 부모가 삶으로 모범이 되지 못할 때도 아이들의 마음에 분노가 일어납니다. 그러므로 부모는 아이들에게 자랑스러운 엄마 아빠가 되도록 노력해야 합니다.
  이철환 작가의 《연탄길》(생명의말씀사, 2016)이라는 책에는 '현태'라는 아들과 아빠의 이야기가 나옵니다. 현태는 고등학생인데 패싸움과 도둑질을 하며 아무리 타이르고 가르쳐도 듣지 않는 아들이었습니다. 아빠는 언제 교도소에 갈지 모르는 그 아들을 두고 결심을 합니다. 아들이 교도소에 가기 전에 자신이 먼저 교도소에 가서 자식의 교도소 가는 길을 막겠다는 것이었습니다. 그래서 어느 날 보석 가게에 들어가 마음에도 없는 도둑질을 하는 척하고 붙잡혀 교도소에 가게 됩니다. 그리고 교도소로 면회 온 아들에게 이렇게 말합니다.

"아들아, 이 아빠를 용서해라. 사는 게 너무 힘들어서 순간적으로 잘못을 저질렀다. 아빠가 이 모양이라서 미안하다. 그런데 한 가지 부탁이 있다. 너는 꿈에라도 이런 곳에 와서는 안 된다. 교도소는 인간을 비참하게 만드는 곳이란다."

아빠를 면회하고 나오는 길에 같이 갔던 엄마는 아들을 붙잡고 통곡하면서 말합니다.

"현태야, 네 아버지는 도둑질하지 않았어. 정말이야. 이 엄마가 네 아빠를 잘 아는데 절대로 그런 짓을 할 사람이 아니야. 너 때문에 일부러 그런 거야. 교도소가 사람이 있을 곳이 아니라는 것을 보여 주려고. 만약에 네가 가게 될까 봐 네가 가는 걸 막아 보려고…."

현태는 큰 충격을 받았습니다. 그리고 아빠의 희생과 사랑을 깨달은 그날부터 마음먹고 다시 태어나 새롭게 인생을 시작했습니다. 검정고시를 치르고 전문대학에도 진학했습니다.

작가는 이야기를 이렇게 마무리합니다.

"아버지는 아들을 위해 스스로 어둠이 되었다. 빛을 거부했던 아들의 어둠 속에 들어가 끝내는 그르치고야 말 그의 인생 앞에 불빛 하나를 밝혀 주었다. 어둔 밤 바다 같은 인생에서 표류할 때마다 두고두고 바라볼 불빛, 아버지, 아버지….."

여러분은 어떤 부모입니까? 아이들을 나무라고 공격하며 그 마음에 상처를 남기는 부모는 아닌지 돌아보십시오. 또 여러분은 어떤 자녀입니까? 공경하지 않고 대들며 부모의 마음에 못을 박는 자녀는 아닌지 돌아보십시오. 마귀는 우리 부모와 자식의 관계를 깨뜨리기 위해 충동하지만 우리는 자녀와의 관계, 부모님과의 관계를 회복해야 합니다. 언제나 관계를 깨뜨리는 마귀의 공격을 분별하십시오.

또 앞서 나온 대로 하나님이 세우신 창조 질서에 순종하여 남편을 존중하고 있는지, 목숨을 바쳐 아내를 사랑하고 있는지 자신의 모습을 돌아보십시오. 하나님이 짝 지어 주신 배우자를 마음 다해 사랑하는 여러분이 되기를 바랍니다.

하나님이 만드신 가정은
천국을 경험할 수 있는 아주 좋은 곳입니다.
그런데 마귀는 하나님을 영화롭게 하고
성도들이 서로 행복할 수 있는 이 가정을 공격해서
전쟁터로 만들고 지옥을 경험하게 합니다.

종들아 두려워하고 떨며 성실한 마음으로 육체의 상전에게 순종하기를
그리스도께 하듯 하라 눈가림만 하여 사람을 기쁘게 하는 자처럼 하지 말고
그리스도의 종들처럼 마음으로 하나님의 뜻을 행하고
기쁜 마음으로 섬기기를 주께 하듯 하고 사람들에게 하듯 하지 말라
이는 각 사람이 무슨 선을 행하든지 종이나 자유인이나
주께로부터 그대로 받을 줄을 앎이라
상전들아 너희도 그들에게 이와 같이 하고 위협을 그치라
이는 그들과 너희의 상전이 하늘에 계시고 그에게는 사람을
외모로 취하는 일이 없는 줄 너희가 앎이라

엡 6:5-9

6

교회 밖 평화의 파수꾼이 되라

마귀는 가정뿐 아니라 일터 또는 배움의 터전에서 우리를 공격합니다. 그렇다면 마귀는 사회생활에서 어떻게 공격할까요?

사회생활은 주의 일이 아니다

마귀의 첫 번째 공격은 사회생활이 주의 일이 아니라고 생각하게 하는 것입니다. 우리는 너무나 자연스럽게 이 기준이 무너져 있습니다. 교회에서 하는 모든 활동은 주의 일이고, 교회 밖의 활동은 세상일이라는 고정관념이 뿌리박혀 있는 것입니다. 그러나 말씀은 우리의 생각과 다릅니다.

에베소서 6장 5절에 있는 "종들아"는 요즘 사회로 보면 직장에서 아래 위치에 있는 사람을 말합니다. 결국 윗사람에게 순종하는 것이 주님을 섬기는 것이고 맡겨진 임무를 잘 감당하는 것이 주님께 하는 것이라는 말입니다. 즉, 직장 생활도 주의 일이라고 가르쳐 주는 것입니다. 직장 일, 나아가 사회생활이 모두 주님의 일입니다. 그래서 "그리스도께 하듯", "주께 하듯"이라는 말이 계속해서 나오는 것입니다.

지금은 성경이 흔하지만 옛날에는 종이가 매우 귀했습니다. 그래서 성경을 쓸 때 가능하면 생략을 많이 하고 압축을 많이 했습니다. 그럼에도 동일한 문구가 반복될 때는 강조하는 것입니다. 본문에 "주께 하듯"이 반복된 이유는 강조하기 위해서입니다. 그러므로 직장 생활을 할 때 그것이 바로 주님의 일이라는 사실을 꼭 기억하십시오.

"종들아 모든 일에 육신의 상전들에게 순종하되 사람을 기쁘게 하는 자와 같이 눈가림만 하지 말고 오직 주를 두려워하여 성실한 마음으로 하라 무슨 일을 하든지 마음을 다하여 주께 하듯 하고 사람에게 하듯 하지 말라 이는 기업의 상을 주께 받을 줄 아나니 너희는 주 그리스도를 섬기느니라"(골 3:22-24).

직장에서 열심히 일할 때 그저 생계 수단으로만 여기는 것이 아니라 그 일을 통하여 주님을 섬기고 있다는 사실을 기억하십시오. 지금 그 직장으로 주님이 보내셨고 그 일을 주님이 맡기셨습니다. '직업'을 뜻하는 여러 가지 말 중에 'vocation'이라는 단어가 있습니다. 이것은 라틴어로 '부르심', '소명'이라는 뜻을 가진 단어에서 유래되었습니다. 그 단어를 쓰는 것은 직업을 가진 모든 사람이 하나님의 소명을 받은 하나님의 사람이라는 것을 밝혀 주는 것입니다. 그러므로 우리는 우리의 직업을 하나님이 보내신 자리로 여겨야 합니다.

천주교 신학자인 한스 큉(Hans Küng)은 "사역자들, 사제들, 목사들과 같은 사람들이 교회를 향해 파송된 성직자라면, 성도들은 세상을 향해 파송된 성직자이다"라고 말했습니다. 놀라운 일입니다. 이것은 교회의 본질의 하나인 '사도성'을 정확하게 이해한 말로, 개신교 신학에 가깝습니다.

고 옥한흠 목사님이 제자 훈련을 위해 미국에 유학 갔을 때는 칼빈 신학교나 웨스트민스터 신학교에 제자 훈련 과목이 개설되어 있지 않았습니다. 그런데 웨스트민스터 신학교 서점에서 한스 큉의 《교회》(한들, 2007)를 읽다가 물음에 대한 해답을 얻었습니다. 모든 성도가 세상으로 보냄 받은 사도라는 것이 그 답이었습니다. 한스 큉이 말한 교회의 본질적인 특징은 '사도성'을 포함해 네 가지입니다.

첫째, '거룩성'입니다. 교회는 건물이 부족해도, 성도 수가 적어도 거룩하면 참 교회입니다. 그러나 거룩을 잃어 버리면 아무리 많은 것을 가져도 참 교회가 아니며 그 교회는 무너질 수밖에 없습니다.

둘째, '통일성'입니다. 교회는 그리스도를 머리로 하여 그분의 지도를 받는 통일된 공동체입니다. 교회의 머리가 예수 그리스도이심을 분명히 해야 합니다.

셋째, '보편성'입니다. 지구상에 있는 예수님을 구주로 믿는 모든 교회는 하나의 교회라는 것입니다. 따라서 이웃 교회는 경쟁(competition) 상대가 아니라 협력(cooperation) 상대로 세워 주어야 할 대상입니다.

넷째, '사도성'입니다. 교회가 교회뿐 아니라 세상을 위해 존재하는데 복음을 전하기 위하여 가난하고 어렵고 힘든 사람들에게 구제와 선행을 베풀고 하나님의 사랑을 증거하기 위하여 세상으로 보냄을 받았다는 것입니다.

바로 이 '사도성'에서 고 옥한흠 목사님은 해답을 찾았습니다. 교회가 사도성을 실천하기 위해서는 훈련을 받아야 한다고 생각한 것입니다. 훈련하지 않고서는 세상을 제대로 섬기고 복음을 전할 수 없으며 세상을 변혁시킬 수도 없다고 생각한 것입니다. 그래서 제자 훈련이 필요하다는 신학적 근거를 발견한 것입니다.

종교개혁의 중요한 근거 중 하나는 만인제사장론(萬人祭司長論)입니다. 목사뿐 아니라 모든 성도가 제사장이라는 것입니다. 교회의 질서를 위하여 목사에게 강단권과 축복권을 주셨을 뿐이지, 우리는 동일한 제사장입니다. 일만 좀 다를 뿐, 여러분도 성직자라는 말입니다. 그저 목사는 교회로, 여러분은 세상으로 파송을 받은 것입니다.

그러므로 우리는 세상 속에서 사람들을 사랑하고 섬겨야 할 책임이 있습니다. 어렵지만 세상과 단절되어서는 안 되고 그 속에서 구별된 삶을 살아야 합니다. 유명한 평신도 신학자인 핸드릭 크레머(Hendrik Kraemer)는 "우리는 세상 안에 살고 있지만 세상의 소유는 아니다"(We are in the world, but not of the world)라고 말했습니다. 우리는 세상 속에 살고 있지만 하나님이 파송한 성직자로서 직업이 무엇이든지 세상을 더 나은 세상으로 변혁할 책임이 있다는 것입니다.

그런데 마귀는 "주께 하듯", "그리스도께 하듯" 이 말씀을 잃어버리게 합니다. 그래서 '세상에서 나 혼자만 잘 먹고 잘살면 돼', '세상에서 인정받으면 돼'라며 우리를 만족시키려고 합니다. 하지만 기억하십시오. 그것은 마귀의 유혹입니다. 우리는 세상 속에서 하나님의 복음을 드러내고 사람들에게 평화를 전하고 그들을 사랑으로 섬기며 정의로운 공동체를 만들어야 하는 책임이 있는 성직자입니다. 하나님 나라가 이 땅에 임하는 일을 위해 보냄 받은 제자라는 것을 기억하기를 바랍니다. 그래서 모든 성도가 직업의 소명 의식, 성직자 의식을 가지고 세상 속에서 살아가기를 바랍니다.

아랫사람이 불순종, 대충, 억지로 일한다

두 번째, 마귀는 아랫사람이 윗사람에게 불순종하고 일을 대충 억지로 하게 함으로써 우리를 공격합니다. 에베소서 6장 5-8절의 말씀은 네 가지로 나눌 수 있습니다.

먼저, 아랫사람은 윗사람에게 순종하라고 합니다. 윗사람이 범죄를 지시하지 않는다면 그 말에 순종해야 합니다. 그것이 성경적인 직장 생활입니다. 그러나 상사가 범죄를 지시한다면 양심의 법을 따라 정중하게 거부할 수 있습니다.

제가 1987년 목사 안수를 받고 군목으로 임관하여 처음 간 연대에서 있었던 일입니다. 저는 군목으로 섬기는 내내 두 가지의 균형을 잃지 않으려고 했습니다. 목사(pastor)라는 소명과 참모 장교(staff officer)라고 하는 위치를 다 잘하기 위해 부족하지만 최선을 다했습니다. 그래서 새벽기도를 마치고 정말 피곤하지만 8시 30분 출근까지 잠깐 자는 것을 포기하고 7시 30분 상황 회의에 꼭 들어갔습니다. 상황 회의는 지휘관이 연대 참모들과 함께 어젯밤에 있었던 일과 오늘 할 일을 의논하는 자리입니다.

어느 날 저희 연대 본부 참모들과 그 인근에 있는 청년들이 같이 축구를 하게 되었습니다. 인사과장이 그 자리에 나오면 좋겠다고 해서 저도 거기에 껴서 경기를 했습니다. 결과는 우리 연대의 승리였습니다. 승리를 기뻐하며 연대장님이 회식을 간단하게 마련했습니다. 그때 모두 술을 마시고 저는 주스를 마시고 있었는데, 갑자기 연대장님이 저에게 "군종 장교, 한 잔 받아" 하며 술을 따라 주려고 하는 것입니다.

제가 깜짝 놀라서 "연대장님, 안 됩니다. 제가 술을 받으면 우리 연대에 사고 납니다. 제발 거두어 주십시오"라고 했더니, 연대장님이 "육군 중위가 육군 대령의 명령을 안 받아!" 하며 화를 얼마나 내던지 분위기가 아주 험악해졌습니다. 주위 사람들도 그냥 받아서 옆에 놓으라고 했지만 저는 받지 않고 가만히 있었습니다. 그런데 다행히 농협 조합장이셨던 민간 교회 한 장로님이 "연대장님, 목사님한테 술을 권하면 됩니까? 여기 주스가 있으니 제가 이것을 따라 드릴게요"라며 주스를 주셨고 저는 "연대장님이 주신 걸로 알고 마시겠습니다" 하며 그것을 마셨습니다. 그래도 연대장님은 기분이 나쁜지 자리를 떠났습니다. 인사과장인 소령분이 "안 마셔도 되니까 그냥 받기만이라도 하지, 연대장님이 얼마나 기분이 나빴겠어요"라고 말하는데 너무 낙담이 되었습니다.

다음 날 새벽기도에 갔는데 마음이 여전히 불편했습니다. 그래도 하나님께 맡기고 상황 회의에 딱 들어갔습니다. 그런데 연대장님이 "목사님, 어제 제가 실례가 많았습니다. 저는 그것이 맥주가 아니라 주스인지 알았습니다"라고 말하면서 웃었고 분위기는 그 순간 확 풀렸습니다. 그 후 저는 지킬 것은 지키는 목사로 많은 사람의 도움을 받으며 보람 있게 잘 지낼 수 있었습니다.

여러분, 받아들일 수 없는 것은 받아들이지 말아야 합니다. 회식이나 고사 문제에서도 선한 양심에 비추어 타협하지 말아야 합니다. 뜻이 있다면 얼마든지 길이 있습니다.

어떤 사람이 회사에서 고사를 지내는데 사장부터 순서대로 절하고 들어가는 식이었답니다. 그는 부장이었는데 고사를 지내며 절하는 것이 너무 양심에 걸려 자기 자리로 돌아가 기도를 하고 있었습니다. 그런데 한 명씩 다 절하고 그 부장이 안 나오니까 확성기로 이름을 계속 불렀습니다. 그래도 안 보여서 한 직원이 찾아다니다가 기도하고 있는 부장을 발견하고는 본 그대로 사람들에게 전했습니다. 분위기가 냉랭해졌습니다. 그런데 끝나고 나서 사장이 절하지 않은 그 부장에게 이렇게 말했습니다. "내가 수많은 예수 믿는 사람들을 봤는데 당신이 처음이야. 교회 중직을 맡은 사람도 순간 까딱 고개를 숙이던데 당신은 진짜 예수 믿는 사람이네." 그 후 그는 사장의 신임을 받으며 중용되었다고 합니다.

물론 승리만 있는 것은 아닙니다. 타협하지 않아서 진짜 사표를 쓰는 사람도 있을 것입니다. 그러나 그것은 패배가 아닙니다. 믿음을 지킨 것이기에 그것은 승리입니다.

또 아랫사람은 눈가림만 하며 대충 일하지 말라고 합니다. 윗사람이 안 보면 태만하게 일하다가 윗사람이 볼 때만 열심히 일하는 것은 주의 일을 하는 직원이 아닙니다. 파송받은 성직자인 성도가 아닌 것입니다. 우리는 상사가 보이지 않는 곳에서도 최선을 다하고 성실해야 합니다.

사랑하는 여러분, 사소한 일이라도 '나는 그 자리에 파송받은, 하나님이 보낸 성직자다'라는 의식으로 최선을 다하십시오. 상사도 보지만 하나님도 보십니다. 그래서 때가 되면 정말 중요한 장소에서 중요한 일을 맡기실 것입니다. 눈가림만 대충 하는 것은 마귀의 공격이라는 것을 반드시 기억하십시오.

그 다음, 억지로가 아니라 기쁨으로 일하라고 합니다. 주님을 섬기듯이 직장 생활에서도 기쁜 마음으로 섬기라는 것입니다. 어려운 여건 속에서도 인상을 쓰고 다니는 것이 아니라 일터를 주신 것에 감사하며 최선을 다하면 상사뿐 아니라 하나님이 기뻐하실 것입니다. 사랑하는 여러분, 일터에서 억지로 일하지 말고 기쁨이 충만하여 일할 수 있기를 바랍니다. 가정에서도 남편은 아내에게, 아내는 남편에게 파송받은 것입니다. 그러므로 하나님이 보내셨다는 생각으로 불평하지 말고 하찮은 일부터 최선을 다해야 합니다. 그것이 사회생활 속에서 마귀에게 패배하지 않는 것입니다.

청교도들은 노동을 예배라고 했습니다. 왜냐하면 그 일도 주님의 일이기 때문입니다. 중세 시대에 교회 건물을 짓는데 돌을 다듬는 석공들이 있었습니다. 지나가는 사람이 그들에게 무엇을 하고 있냐고 물었습니다. 첫 번째 사람은 "보고도 몰라요? 돌 깎고 있잖아요"라고 답했고, 두 번째 사람은 "돈 벌고 있죠"라고 답했는데, 세 번째 사람은 "하나님의 집을 짓고 있습니다"라고 답했다고 합니다. 똑같은 일을 하면서도 자세가 다른 것입니다. 이제부터 억지로 일하지 말고 신 나게 해보십시오. 그때 하나님이 영광을 받으시고 주변 사람들에게 선한 영향력을 끼칠 수 있을 것입니다.

"그런즉 너희가 먹든지 마시든지 무엇을 하든지 다 하나님의 영광을 위하여 하라"(고전 10:31).

"그러므로 나는 사람이 자기 일에 즐거워하는 것보다 더 나은 것이 없음을 보았나니"(전 3:22).

또한 주님의 평가와 보상이 있을 것입니다. 주님은 우리가 일한 대로 다 갚아 주십니다. 상급자가 모르고 넘어가는 것도 하나님은 다 아시고 갚아 주신다는 것입니다. 왜냐하면 그곳이 바로 주님이 보내신 곳이며 그 일이 바로 주님의 일이기 때문입니다. 물론 범죄와 관련된 것은 주님의 일이 아닙니다.

노동조합 문제에 대해 살펴보겠습니다. 노동조합에 가입해도 되는지에 대해 성경 그 어디에도 답은 없습니다. 그리고 노동조합처럼 단체 행동을 금지하는 내용도 없습니다. 그래서 개인적으로는 노동조합에 가입해도 괜찮다고 생각합니다. 그러나 중요한 것은 기독교인으로서 회사와 노동자 사이에서 화해자의 역할을 해야 한다는 것입니다. 이것이 다른 점입니다. 그래서 노동자 측의 이익만 주장해서도 안 되고, 회사 측의 이익만을 추구해서도 안 되는 것입니다.

윗사람이 교만하게 행하고 위협한다

세 번째, 마귀는 윗사람이 아랫사람을 교만하게 대하며 위협하게 함으로써 우리를 공격합니다.

> "상전들아 너희도 그들에게 이와 같이 하고 위협을 그치라 이는 그들과
> 너희의 상전이 하늘에 계시고 그에게는 사람을 외모로 취하는 일이 없는
> 줄 너희가 앎이라"(엡 6:9).

말씀에는 두 가지 내용이 나옵니다. 먼저 위협을 그치라고 합니다. 사람이 힘이 있으면 위협하기가 쉽습니다. 마귀가 윗사람을 공격하는 대표적인 수단이 바로 이 위협이라는 방법입니다. 하지만 위협하는 것은 성경적이지 않습니다. 예수님이 힘이 없어서 체포되신 것이 아닙니다. 예수님은 열두 군단(그 당시 로마군 편제로 약 8만 명)도 더 되는 천군과 천사를 동원할 수 있지만 구약에 있는 선지자의 예언, 즉 하나님의 뜻을 성취하시기 위해 그대로 체포당하신 것입니다. 힘이 있었지만 하나님의 뜻을 위해 힘을 쓰지 않으신 것입니다. 그러므로 예수 믿는 우리도 하나님의 뜻을 위해서는 힘을 함부로 쓰지 말아야 합니다.

그 다음으로 교만하지 말라고 합니다. 세상에서 아무리 높아

도 더 높은 분이 있다는 것을 기억하십시오. 하나님이 외모로 취하지 않으신다는 것은 얼굴뿐만 아니라 사회적인 지위도 뜻하는 것으로, 대통령이나 장관 또는 대학 총장 같은 지위와 상관없이 사람을 있는 그대로 평가하신다는 것입니다. 그리고 그 평가에 따라 그 사람의 생애 속에 하나님의 은혜와 복을 내리시고 천국의 상급을 결정하시는 것입니다. 우리의 상사는 자기가 본 것만으로 평가하지만 하나님은 사람의 눈으로 보지 못하는 것까지 평가하고 있다는 사실을 기억하십시오.

교회를 '모이는 교회'(gathering Church)와 '흩어지는 교회'(scattering Church)로 나누기도 합니다. '모이는 교회'는 일반적인 지역 교회를 말하는 것으로, 그곳에서 우리는 예배드리고 훈련받고 봉사합니다. 또 하나 '흩어지는 교회'는 흩어져서 가정과 일터와 학교로 가는 것을 말하는 것으로 그곳에서 우리는 삶으로 예배합니다.

그런데 마귀는 바로 이 부분을 공격합니다. 모이는 교회만 교회이고, 우리의 사회생활은 교회가 아니고 주님의 일이 아니라고 여기게 하는 것입니다. 그래서 우리가 아무런 사회적 책임을 느끼지 않고 세속화되어 살아가게 만들어 버립니다. 하지만 그것이 바로 마귀의 공격임을 분별하고 흩어지는 교회가 있다는 것을 분명히 기억하십시오. 여러분의 가정과 일터와 학교가 흩어지는 교회의 현장입니다. 그리고 그곳에서 모든 일에 최선을 다하는 것이 주님을 받들고 예배하는 것입니다.

성경에는 우리가 서 있는 가정과 일터와 학교가 주님이 보내신 곳이며, 우리가 그곳에서 예배드리는 마음으로 주어진 일을 감당해야 하는 평신도 성직자요 제사장이라고 분명하게 나와 있습니다. 그러므로 여러분은 그곳에서 평화를 만드는 사람, 피스메이커(peace maker)가 되어야 합니다. 그리고 틈이 갈라진 사람들 가운데에 다리를 놓는 사람, 브릿지 빌더(bridge builder)가 되어야 합니다. 더 나아가 이 땅에 하나님의 복된 통치가 임하도록 하나님 나라를 세우는 사람, 킹덤 빌더(Kingdom builder)가 되어야 합니다. 그때 우리는 사회생활 속에서 마귀의 공격을 이기는 하나님의 사람이 될 것입니다.

흩어지는 교회가 있다는 것을 분명히 기억하십시오.
여러분의 가정과 일터와 학교가 흩어지는 교회의 현장입니다.
그리고 그곳에서 모든 일에 최선을 다하는 것이
주님을 받들고 예배하는 것입니다.

너희는 이 세대를 본받지 말고
오직 마음을 새롭게 함으로 변화를 받아
하나님의 선하시고 기뻐하시고 온전하신 뜻이
무엇인지 분별하도록 하라

롬 12:2

7

인터넷은 보이지 않는 영적 전쟁터이다

정말 이 시대는 인터넷이 우리의 삶에 지대한 영향을 미치고 있습니다. 인터넷 덕분에 우리의 삶이 굉장히 편리해진 것은 사실이지만, 그것 때문에 우리의 삶에 어두운 그림자가 드리운 것도 사실입니다. 인터넷은 문명의 이기인 동시에 흉기이기도 한 것입니다. 잘 사용하면 이처럼 편리한 것이 없지만, 잘못 사용하면 우리의 영성과 인격, 나아가 삶 전체를 파괴합니다. 이제 마귀의 공격 차원에서 인터넷의 어두운 부분에 대해 구체적으로 살펴보겠습니다.

마귀는 인터넷으로 공격한다

|

돈을 좋게 쓰면 선하고 나쁘게 쓰면 악한 것처럼 인터넷도 가치중립적입니다. 문제는 인터넷이 성도들을 세속화시키는 도구가 될 수 있다는 것입니다. 인터넷상에서 시각화되어 있는 수많은 정보는 접근성이 쉽고 우리의 마음을 점령하기도 쉽습니다.

우리는 인터넷을 통해 이 세대의 문화에 노출되어 있고 나도 모르는 사이에 보고 들은 인터넷의 내용이 우리의 가치관과 세계관을 점령할 때가 많습니다. 그렇다면 본문에 나온 '이 세대를 본받는 삶'은 무엇일까요?

> "이 세상이나 세상에 있는 것들을 사랑하지 말라 누구든지 세상을 사랑하면 아버지의 사랑이 그 안에 있지 아니하니 이는 세상에 있는 모든 것이 육신의 정욕과 안목의 정욕과 이생의 자랑이니 다 아버지께로부터 온 것이 아니요 세상으로부터 온 것이라 이 세상도, 그 정욕도 지나가되 오직 하나님의 뜻을 행하는 자는 영원히 거하느니라"(요일 2:15-17).

성경에서 '세상'(코스모스, κόσμος)이라는 단어가 사용될 때는 네 가지 뜻으로 사용됩니다. 우주(universe), 지구(the earth, the planet on which we live), 인류(humanity), 하나님을 대적하는 것(which is hostile to God)입니다.

요한복음 3장 16절에서 하나님이 그토록 사랑하사 독생자를 주신 세상은 인류를 의미합니다. 그런데 요한일서 2장 15절에 나오는 세상은 하나님을 대적하는 세상을 뜻합니다. 그것은 하나님 대신 자신을 하나님의 위치에 올려놓고 자기만족만 취하게 합니다. 바로 거기서 모든 악이 나오는 것입니다. 말씀에 있는 "육신의 정욕과 안목의 정욕과 이생의 자랑"이 바로 이 시대의 문화입니다.

그리고 인터넷은 그 문화를 조장하고 있습니다. 육신의 정욕은 온갖 죄성으로 뭉친 욕심을 말합니다. 안목의 정욕은 눈을 통해 들어오는 유혹을 말하는 것으로, 다윗과 삼손이 모두 이 안목의 정욕 때문에 무너졌습니다. 이생의 자랑은 남보다 조금 더 가지고 있는 것을 자랑하는 것을 말합니다. 남보다 조금 더 공부했거나 조금 더 재산이 많거나 조금 더 재능이 많으면 여지없이 그것을 자랑하려고 하는 것입니다. 인터넷은 자꾸 우리에게 이 세대를 본받으라고 합니다. 우리에게 성도다운 삶이 아니라 세상 사람들과 동화되어 살라고 하는 것입니다. 그러나 하나님이 우리를 구원하신 목적은 그것이 아닙니다.

"그리스도께서 하나님 곧 우리 아버지의 뜻을 따라 이 악한 세대에서 우
리를 건지시려고 우리 죄를 대속하기 위하여 자기 몸을 주셨으니"(갈 1:4).

하나님은 우리를 영적으로 구원하실 뿐만 아니라 이 악한 세
대의 문화에서 구원하기를 원하십니다. 우리의 구별된 삶을 원
하시는 것입니다. 우리는 세상 안에 있지만 세상의 것은 아닙니
다. 세상의 소유가 아니라 하나님의 소유인 것입니다. 그것이 우
리의 정체성입니다. 그러므로 우리는 세상에 동화되지 않고 세
상을 변화시켜야 합니다.

"너희는 세상의 소금이니 소금이 만일 그 맛을 잃으면 무엇으로 짜게 하리
요 후에는 아무 쓸 데 없어 다만 밖에 버려져 사람에게 밟힐 뿐이니라 너희
는 세상의 빛이라 산 위에 있는 동네가 숨겨지지 못할 것이요"(마 5:13-14).

우리는 소금과 빛입니다. 소금이 소금끼리만 모여 있으면 절
대 그 기능을 감당할 수 없습니다. 소금은 대상을 향하여 들어
가야 합니다. 그리고 그 대상에 동화되는 것이 아니라 변화를
시켜야 합니다. 썩을 것을 썩지 않도록, 맛없는 것을 맛있게 변
화시키는 것입니다. 바로 이 모습이 예수님을 믿는 사람들의
삶입니다.

빛은 세상을 비춥니다. 어두움 가운데서도 어두움에 점령당하는 것이 아니라 어두움을 정복하고 변화시키는 것입니다. 그렇게 우리는 세상에 동화되면 안 되고 세상을 변화시켜야 합니다. 세상에 적응하지 말고 도태되어 살라는 것이 아닙니다. 적응과 동화는 다릅니다. 그 시대의 문화 속에서 우리를 변질시키지 않는 범위 내에서 적응하며 살아야 하는 것입니다.

허드슨 테일러(Hudson Taylor) 선교사는 100여 년 전에 중국을 너무나 사랑했기 때문에 평생 안 해본 젓가락질을 열심히 했습니다. 또 그 당시 중국인들이 했던 변발을 하고 그 나라식으로 옷 입기를 좋아했다고 합니다. 머리 색깔을 그들과 같게 하려고 암모니아로 염색을 하다가 화상을 입기도 했습니다. 그러나 복음을 전하는 일을 게을리하지 않았습니다. 그들에게 적응했지만 그 문화에 동화된 것이 아니라 그들을 변화시킨 것입니다.

우리는 모두 예배를 마치고 세상의 선교지를 향하여 나아가야 합니다. "세상을 변화시키지 못하면 세상이 교회를 변질시킨다"라는 말이 있듯이, 성도가 자기 주변의 세상을 변화시키지 못하면 그 세상이 성도를 변질시킬 것입니다. 선교사로서 적응은 하되 동화되지 않고 변화시켜야 하는 것입니다.

그렇다면 인터넷을 통한 마귀의 공격은 무엇일까요? 먼저 인터넷 게임입니다. 그 게임은 단순한 내용이 아니라 폭력성과 선정성이 난무합니다. 이러한 게임에 중독된 사람들은 다른 사람의 목숨을 해치는 것을 아주 가볍게 여길 수 있습니다. 그리고 게임만큼 무서운 것이 인터넷 채팅입니다. 그냥 대화를 나누는 것은 나쁘지 않습니다. 하지만 우리는 종종 인터넷 채팅으로 인한 불미스러운 이야기를 접합니다. 익명의 사람과 채팅을 하다가 성추행을 당한 여학생, 결혼하여 가정을 가지고 있는데도 채팅으로 알게 된 익명의 상대와 부적절한 관계를 맺는 기혼자 등 옳지 못한 일이 많습니다. 그러므로 채팅이 일반적인 대화나 격려 또는 상담하는 내용이 아니라 불건전한 것이라면 바로 끊어야 합니다.

또 다른 마귀의 공격은 음란물입니다. 음란물에 빠진 사람들은 영적인 간음에 빠진 것이나 마찬가지입니다. 인터넷 중독은 사람들의 인격과 삶을 망가뜨리고 있습니다. 인터넷 게임에 빠져서 3개월 된 딸을 굶겨 죽인 엄마, PC방에서 인터넷 게임만 하다가 급사한 사람, 인터넷 게임을 그만하라는 말에 분노해서 어머니를 살해한 아들…. 그만큼 인터넷 중독은 위험합니다. 게임, 채팅, 음란물 외에도 주식이나 쇼핑에 중독된 사람도 있습니다.

그중 인터넷 중독의 가장 심각한 피해는 음란 사이트라고 합니다. 전 세계에서 음란 사이트를 가장 많이 접속하는 나라가 한국이라고 합니다. 참으로 부끄럽고 슬픈 일입니다. 그런 사이트들은 전부 결제하고 보는 것인데, 그 결제 금액이 제일 많은 나라가 한국이라는 것입니다. 게다가 한국의 인터넷 속도는 전 세계에서 가장 빨라서 남녀노소를 가리지 않고 쉽고 빠르게 접할 수 있으니 정말 큰 문제입니다. 그리고 음란물의 가장 파괴적인 폐해는 여성을 보는 남성들의 시각이 왜곡되는 것입니다. 여성을 인격체로서 소중한 존재라고 여기는 성경적인 시각이 무너지고 자신의 성욕을 채우는 도구로 보게 되면서, 그것이 성희롱이나 성폭행으로 이어지는 것입니다.

하나님이 우리에게 주신 '성'은 참으로 복된 것입니다. 하나님은 인류의 번식을 위해, 그리고 합법적인 부부 사이에 진정한 연합을 경험할 수 있도록 성을 주셨습니다. 성생활을 통하여 남편과 아내가 더 깊은 친밀함을 누리게 되는 것입니다. 또 즐거움을 위해 주셨습니다. 그러나 그것은 하나님이 허락하신 배우자와만 누릴 수 있는 것입니다. 그것이 아니라면 진정한 즐거움이 아니라 범죄입니다. 우리는 합법적인 성생활을 통해 하나님께 영광을 돌려야 합니다.

인터넷 음란 사이트의 또 다른 문제는 동성애 미화입니다. 성경에 동성애는 분명히 범죄라고 나와 있습니다. 하나님이 아담에게 남자가 아니라 여자를 아내로 주셨다는 것을 기억하십시오. 동성애는 하나님의 창조 질서를 어기는 것입니다.

마귀의 인터넷 공격을 분별해야 한다

|

그렇다면 이렇게 다양한 방법으로 우리를 공격하는 마귀를 어떻게 이길 수 있을까요? 본문에 나오듯이 마음을 새롭게 해야 합니다. 마음을 새롭게 함으로 변화되어야 하는 것입니다. 마음을 새롭게 한다는 것은 우리 몸이 누구 것인지에 대해 생각을 바꾸는 것을 말합니다. 이 변화는 질적인 변화, 전혀 다른 존재로의 변화를 의미합니다.

> "너희 몸은 너희가 하나님께로부터 받은 바 너희 가운데 계신 성령의 전인 줄을 알지 못하느냐 너희는 너희 자신의 것이 아니라 값으로 산 것이 되었으니 그런즉 너희 몸으로 하나님께 영광을 돌리라"(고전 6:19-20).

우리 몸은 우리의 것이 아니고 성령이 거하시는 집, 성전입니다. 따라서 우리는 우리의 몸으로 하나님을 영화롭게 해야 합니다. 배우자가 아닌 사람과 불건전한 관계를 맺고 있다면 끊어내고, 인터넷을 통하여 잘못된 콘텐츠에 빠져 있다면 그것도 완전히 끊어내야 합니다. 그때 하나님의 복이 임할 것입니다. 봐서는 안 될 것, 접속해서는 안 될 것이 있다면 끊어 버리는 은혜가 있기를 바랍니다.

로마서 본문에서는 분별하라고 합니다. 여러분이 인터넷을 접속하거나 이 시대의 문화를 접할 때마다 하나님이 선하게 생각하시는지 악하게 생각하시는지, 하나님이 기뻐하시는지 슬퍼하시는지를 생각하고 분별해야 한다는 것입니다. 즉, 인터넷을 통한 마귀의 공격을 이기려면 인터넷 세계에서 하나님의 선하시고 기뻐하시고 온전하신 뜻이 무엇인지 분별하는 삶을 살아야 합니다.

그런데 우리 가운데는 인터넷 중독에서 헤어나오지 못하는 자신을 보며 낙담하는 사람도 있을 것입니다. 그러나 낙심하지 마십시오. 그것을 극복할 수 있는 방법이 있습니다. 첫째, 하나님 앞에서 솔직하게 시인하십시오. 하나님 앞에서 자신의 죄를 솔직하게 인정해야 합니다. 둘째, 회개하십시오. 성전 된 몸을 잘못 사용한 죄를 회개해야 합니다. 셋째, 환경을 청소하십시오. 혼자 있는 방에 컴퓨터를 놓고 있었다면 컴퓨터를 거실로 옮기고 컴퓨터 안에 있는 음란물을 다 지워 버려야 합니다. 머릿속에 있는 것까지 싹 지워야 합니다. 넷째, 하나님과의 더 깊은 교제로 들어가십시오. 매일 기도하고 말씀을 묵상하다 보면 하나님이 양심을 바로 세워 주시고 마음을 치료해 주실 것입니다.

분별한 대로 행동해야 한다

분별만 하면 안 되고 행동이 따라야 합니다. 말씀이 그 답을 주고 있습니다.

> "그러므로 형제들아 내가 하나님의 모든 자비하심으로 너희를 권하노니
> 너희 몸을 하나님이 기뻐하시는 거룩한 산 제물로 드리라 이는 너희가
> 드릴 영적 예배니라"(롬 12:1).

구원받은 성도의 삶은 자신의 몸으로 하나님을 예배하는 것입니다. 교회나 집이나 학교나 직장이나 어디서든지 몸으로 하나님을 예배하는 것이 성도의 바람직한 삶입니다. 그런데 말씀에서는 예배를 "산 제물"(living sacrifice)이라고 표현했습니다. 구약의 제사는 반드시 제물이 죽어야만 하나님이 열납하셨습니다. 예배의 핵심은 죽음인 것입니다. 우리가 드리는 삶의 예배에도 반드시 죽여야 할 것이 있습니다. 우리의 욕심과 죄성을 죽여야 하나님이 받으시는 것입니다. 그런데 우리 육신의 심장이 뛰고 피가 통하고 살아 있기에 살아 있는 제물, 산 제물이라고 한 것입니다.

"그러므로 땅에 있는 지체를 죽이라 곧 음란과 부정과 사욕과 악한 정욕과 탐심이니 탐심은 우상 숭배니라 이것들로 말미암아 하나님의 진노가 임하느니라"(골 3:5-6).

음란은 우상 숭배이기 때문에 그것으로 말미암아 하나님의 진노가 임합니다. 우리가 계속해서 음란과 불법적인 채팅과 게임으로 다가오는 마귀의 공격에 패배한다면, 반드시 하나님의 징계가 따를 것입니다. 그러므로 이와 관련하여 잘못된 습관이 있다면 모두 고치고 끊어 버리기를 바랍니다. 우리의 다음 세대가 이런 영적 공격에 허물어지지 않도록 우리가 먼저 본을 보이며 기도해야 할 것입니다. 그래서 여러분 모두 인터넷을 통한 마귀의 공격을 이기는 은혜가 있기를 바랍니다.

또 만물을 그의 발 아래에 복종하게 하사고 그를 만물 위에
교회의 머리로 삼으셨느니라 교회는 그의 몸이니 만물 안에서
만물을 충만하게 하시는 이의 충만함이니라…
내리셨던 그가 곧 모든 하늘 위에 오르신 자니 이는 만물을
충만하게 하려 하심이라 그가 어떤 사람은 사도로, 어떤 사람은 선지자로,
어떤 사람은 복음 전하는 자로, 어떤 사람은 목사와 교사로 삼으셨으니
이는 성도를 온전하게 하여 봉사의 일을 하게 하며
그리스도의 몸을 세우려 하심이라

엡 1:22-23, 4:10-12

8

충성밖에는 교회를 지킬 무기가 없다

마귀는 교회를 공격하기를 좋아합니다. 교회가 무너지면 교회를 통하여 이 세상을 구원하시려는 하나님의 구원 계획이 무너지기 때문입니다. 마귀는 하나님의 대적이기 때문에 하나님이 가장 중요하게 여기시는 일을 막는 것입니다. 또한 교회는 성자 하나님의 피를 흘려서 세운 하나님의 가장 값진 사랑의 대상이기 때문에, 마귀는 교회를 공격합니다.

그래서 교회는 전투적인 교회와 승리적인 교회로 나뉩니다. 지상의 교회는 끊임없이 마귀의 공격을 받는 전투적인 교회이고, 천국의 교회는 모든 전투가 끝난 후에 승리의 감격을 누리는 승리적인 교회입니다. 우리는 모두 숨을 거두고 천국에 가는 그

날까지 이 전투가 계속된다는 것을 잊지 말아야 합니다. 그렇다면 마귀는 교회를 어떻게 공격할까요?

교회의 가치를 무시하도록 공격한다

마귀는 교회의 가치를 무시하고 평가절하해서 교회에서 아무렇게나 신앙생활을 하도록 우리를 공격합니다. "교회는 보잘것없는 곳이야." "교회는 네 맘대로 해도 돼." 이런 생각으로 신앙생활을 하도록 우리를 공격하는 것입니다. 그런데 성경에서는 교회를 굉장히 소중한 대상이라고 분명하게 표현하고 있습니다.

> "그의 능력이 그리스도 안에서 역사하사 죽은 자들 가운데서 다시 살리시고 하늘에서 자기의 오른편에 앉히사 모든 통치와 권세와 능력과 주권과 이 세상뿐 아니라 오는 세상에 일컫는 모든 이름 위에 뛰어나게 하시고 또 만물을 그의 발 아래에 복종하게 하시고 그를 만물 위에 교회의 머리로 삼으셨느니라"(엡 1:20-22).

성경은 교회가 만물 위에 있다고 합니다. 이것은 놀라운 사실입니다. 지금 세상 사람들은 교회를 만물 아래에 있다고 생각하고 조롱하며 비웃지만 말씀은 분명히 교회가 만물 위에 있다고 합니다. 교회는 건물이 아니라 구원받은 성도들의 모임을 가리킵니다. 교회의 건물은 교회당이고 진정한 교회는 구원받은 성도들의 모임인 것입니다.

교회가 만물 위에 있는 이유는 교회의 머리이신 예수 그리스도가 만물을 통치하시는 분이기 때문입니다. 그러므로 그분의 몸인 교회는 만물 위에 있는 것입니다. 그리고 성경은 예수님에 대해 더 명확하게 알려 줍니다.

예수님은 죽음에서 부활하신 분입니다. 부활하신 후에 승천하셔서 하나님의 보좌 우편에서 만물을 통치하십니다. 그분은 이 세상의 어떤 권세자나 통치자보다 뛰어나십니다. 또 오늘뿐 아니라 영원토록 온 우주 만물을 통치하십니다. 그리고 만물을 발 아래 복종시키는 통치권을 갖고 계십니다. 교회가 소중한 이유는 이렇게 지극히 높으신 통치권자가 교회에 좌정하시고 교회를 통하여 만물을 다스리시기 때문입니다.

교회는 아무리 적은 수가 모이는 공동체라도, 또 제대로 된 시설이나 건물이 없는 공동체라도 예수님을 구주로 믿고 있다면 만물 위에 존재하는 존귀한 것입니다. 그 교회에는 만물을 다스리시는 만왕의 왕이 계시고 그분이 그곳에서 만물을 통치하시기 때문입니다. 교회에 대한 이 시각을 놓치지 않기를 바랍니다.

마귀는 끊임없이 교회를 바라보는 우리의 시각을 공격합니다. 우리는 교회에서 조금만 상처 받으면 '교회, 아무것도 아니야, 교회가 별거야?'라고 생각하고 교회를 떠납니다. 하나님은 교회를 세우기 위해 정말 많은 노력과 정성을 쏟아부으셨습니다.

> "찬송하리로다 하나님 곧 우리 주 예수 그리스도의 아버지께서 그리스도 안에서 하늘에 속한 모든 신령한 복을 우리에게 주시되 곧 창세 전에 그리스도 안에서 우리를 택하사 우리로 사랑 안에서 그 앞에 거룩하고 흠이 없게 하시려고 그 기쁘신 뜻대로 우리를 예정하사 예수 그리스도로 말미암아 자기의 아들들이 되게 하셨으니"(엡 1:3-5).

성부 하나님은 창세전에 교회를 세우기 위해 구원받을 사람을 예정하셨습니다. 창세전에 이미 우리를 하나님의 아들과 딸이 되도록 예정하신 것입니다. 또 성자 하나님은 십자가에서 죽으심으로 선택받아 예정된 우리에게 구원받을 수 있는 길을 열어 주셨습니다.

> "우리는 그리스도 안에서 그의 은혜의 풍성함을 따라 그의 피로 말미암아 속량 곧 죄 사함을 받았느니라"(엡 1:7).

그리고 성령 하나님은 우리가 십자가의 피 묻은 복음을 믿을 수 있도록 우리 마음에 감동을 주셨고, 우리 안에 십자가만으로 충분히 구원받을 수 있다는 확신과 보증을 주셨습니다. 우리 기업의 가장 큰 재산은 구원입니다. 성령 하나님이 인치고 보증해 주셔서 우리가 구원받았음을 확신하게 해주신 것입니다.

"그 안에서 너희도 진리의 말씀 곧 너희의 구원의 복음을 듣고 그 안에서 또한 믿어 약속의 성령으로 인치심을 받았으니 이는 우리 기업의 보증이 되사 그 얻으신 것을 속량하시고 그의 영광을 찬송하게 하려 하심이라"(엡 1:13-14).

삼위일체 하나님의 공동 사역 위에 교회가 세워졌습니다. 이 사역은 지금 당장 시작된 것이 아닙니다. 창세전부터 지금까지 교회를 세우시는 삼위일체 하나님의 귀한 동역이 계속되고 있는 것입니다. 이 은혜로 교회가 세워졌는데, 어떻게 우리가 교회를 함부로 대할 수 있겠습니까? 끊임없이 교회에 대한 자신의 태도를 점검하고 주의하기를 바랍니다. 그리고 교회를 함부로 여길 때가 있다면 마귀의 공격임을 분별할 수 있어야 합니다.

교회가 소명을 망각하도록 공격한다

|

교회는 소중하지만 교회뿐 아니라 만물을 위해서 존재합니다. 에베소서 1장 23절에 따르면 교회는 그분의 몸이기 때문에 머리 되신 그분의 의도대로 만물을 충만케 할 사명이 있습니다. 성경에서 만물을 충만케 한다는 말은 곧 만물에 결핍이 있다는 것을 의미합니다. 가장 큰 결핍은 영적인 결핍이고 그것은 오직 복음으로만 채울 수 있습니다.

> "이는 이방인들이 복음으로 말미암아 그리스도 예수 안에서 함께 상속자가 되고 함께 지체가 되고 함께 약속에 참여하는 자가 됨이라 이 복음을 위하여 그의 능력이 역사하시는 대로 내게 주신 하나님의 은혜의 선물을 따라 내가 일꾼이 되었노라 모든 성도 중에 지극히 작은 자보다 더 작은 나에게 이 은혜를 주신 것은 측량할 수 없는 그리스도의 풍성함을 이방인에게 전하게 하시고"(엡 3:6-8).

복음을 받고 믿기 전까지 우리는 하나님과 상관이 없는 사람들, 구원을 받을 수 없는 사람들인데 복음을 받고 믿어서 하나님의 자녀가 되었습니다. 우리의 영적인 결핍을 채워 주는 가장 놀라운 일이 그 순간 이루어지는 것입니다. 그리고 8절에 나온 대로 예수 그리스도의 피 묻은 십자가의 복음만이 우리의 마음과 영혼을 충만케 할 수 있습니다. 그러므로 우리는 예수 그리스도의 십자가 복음을 증거하는 삶을 살아야 합니다.

또 우리는 이 시대의 어두운 문화를 바꾸어야 합니다. 음란과 거짓과 비방과 탐욕의 어두운 문화를 선행과 의로움과 진실함의 빛으로 충만케 해야 하는 것입니다.

> "빛의 열매는 모든 착함과 의로움과 진실함에 있느니라 주를 기쁘시게 할 것이 무엇인가 시험하여 보라 너희는 열매 없는 어둠의 일에 참여하지 말고 도리어 책망하라"(엡 5:9-11).

이 세상은 정말 많이 어둡습니다. 악한 사람들과 의롭지 않은 일들이 정말 많습니다. 게다가 우리도 진실하지 못하고 거짓될 때가 굉장히 많습니다. 그만큼 세상은 악하고 불의하고 거짓이 난무합니다. 그러나 하나님은 우리가 이 땅에서 착한 사람으로 주위 사람에게 빛을 비추기를 원하십니다. 어두움의 문화를 빛의 문화, 즉 착하고 정의롭고 진실함이 충만한 문화로 바꾸기를 원하시는 것입니다. 그러므로 불의한 이 세상 속에서 정의를 추구하기를 바랍니다. 그때 비로소 이 세상은 충만해질 것입니다.

제임스 패커(James Packer)는 "목사들이 너무나 '칭의'를 강조하기 때문에 그리스도인들이 정의를 잃어 버렸다"라고 말했습니다. 옳은 지적입니다. 우리가 예수님의 십자가로 의로운 사람이 된 것은 사실이지만, 이제 우리에게 필요한 것은 칭의를 넘어 정의를 행하는 것입니다. 그것이 만물을 충만케 할 것입니다.

가정에서 남편과 아내, 부모와 자녀를 행복하게 하는 것이 만물을 충만케 하는 것입니다. 완전한 인간은 없기에 우리는 배우자의 부족을 채우고 충만케 할 사명이 있는 것입니다. 일터에서도 마찬가지입니다. 윗사람과 아랫사람을 행복하게 하는 것이 만물을 충만케 하는 것입니다. 예수님을 믿지 않는 사람들에게 복음을 전달해 주는 것도 우리가 감당해야 할 사명입니다.

만물을 충만케 하는 것에는 한 가지가 더 포함됩니다. 그것은 생태 환경을 창조 때처럼 회복하는 것으로, 에베소서에는 그 내용이 나오지 않습니다. 에베소서는 사람들과 그들이 속한 공동체를 회복하는 것에 초점을 맞추고 있기 때문입니다.

사랑하는 여러분, 만물을 충만케 하는 소명을 잊게 만드는 마귀의 유혹에 빠지지 말고 끊임없이 전도하며 빛을 비추는 삶을 살아가십시오. 세상 사람들의 조롱과 비웃음은 마귀의 공격이라는 것을 기억하고 하나님 나라의 원칙과 가치관으로 복음을 전하며 살아가기를 바랍니다. 그것이 곧 승리입니다.

리차드 니버(Richard Niebuhr)는《그리스도와 문화》(IVP, 2007)라

는 책에서 교회를 다섯 가지 유형으로 소개합니다. 여기서 그리스도는 교회를, 문화는 세상을 의미합니다.

첫째, 문화에 대립하는 그리스도(Christ against Culture)입니다. 이 유형은 철저하게 세상과 담을 쌓는 교회를 뜻합니다. 이 교회는, 세상은 악하고 교회는 거룩하기 때문에 세상과 단절된 방향을 취합니다. 그래서 이것은 세상의 빛과 소금이 되라는 하나님의 뜻을 이루지 못합니다.

둘째, 문화의 그리스도(Christ of Culture)입니다. 세상의 교회로, 복음이 빠지고 세상을 위한 복지나 사회운동만 있는 교회입니다. 이것은 교회라기보다는 사회사업 단체 또는 사회운동 단체로 변질된 것입니다.

셋째, 문화 위에 있는 그리스도(Christ above Culture)입니다. 세상 위에 군림하는 교회로, 이것은 교황이 황제까지 임명하는 중세 교회의 모습이었습니다. 그러나 교회는 세상 속에 군림하는 것이 아니라 섬김으로 나아가야 합니다. 예수님도 섬김으로 세상을 구원하셨고 그 섬김의 최고조는 십자가의 죽음입니다.

넷째, 역설적 관계를 가진 그리스도와 문화(Christ and Culture in Paradox)입니다. 이것은 교회에서는 거룩한 성도로, 세상에서는 불신자보다 더 세속화된 사람으로 살아가는 모습을 말합니다. 영적인 지킬 박사와 하이드로, 어쩌면 지금 한국 교회의 모습을 가장 잘 보여 주는 유형이 아닐까 생각합니다. 이것도 성경적인 모습은 아닙니다.

다섯째, 문화의 변혁자 그리스도(Christ the Transformer of Culture)입니다. 세상을 변혁시키는 유형으로, 이것이야말로 성경이 말하는 교회의 모습입니다. 세상의 빛이 되어 어둠을 밝히고 소금이 되어 부패를 막는 교회, 세상을 바꾸고 변혁시키는 교회인 것입니다. 이런 교회가 되기 위해서는 교회와 성도를 잘못된 방향으로 이끌려는 마귀의 유혹에서 승리해야 합니다.

교회의 단결을 깨뜨리려고 공격한다

가장 강한 군대는 단결된 군대입니다. 병력이 적고 장비가 부족해도 단결된 군대는 다른 부족함을 뛰어넘을 수 있습니다. 마찬가지로 단결된 교회는 공격하고 무너뜨리기 힘듭니다.

"평안의 매는 줄로 성령이 하나 되게 하신 것을 힘써 지키라"(엡 4:3).

사랑하는 여러분, 아무리 부족해도 단결하면 이길 수 있습니다. 지휘관을 중심으로 똘똘 뭉친 군대는 어떤 열악한 환경에서도 승리합니다. 마찬가지로 교회가 마귀의 공격을 이기고 시대적 소명을 잘 감당하기 위해 가장 중요한 것은 단결입니다. 우리의 최고 지휘관이신 예수 그리스도를 중심으로 똘똘 뭉쳐야 하는 것입니다. 또 그분이 임명하신 예하 지휘관인 각 교회의 담임목사와 똘똘 뭉쳐야 합니다.

그렇다면 구체적으로 어떻게 단결할 수 있을까요?

"그러므로 주 안에서 갇힌 내가 너희를 권하노니 너희가 부르심을 받은 일에 합당하게 행하여 모든 겸손과 온유로 하고 오래 참음으로 사랑 가운데서 서로 용납하고"(엡 4:1-2).

말씀과 반대로 교만한 사람, 과격한 사람, 성미 급한 사람, 배척하는 사람이 많은 공동체는 단결하기가 어렵습니다. 교회에 말씀의 영적인 분위기가 충만해야 합니다. 겸손하고 온유하고 오래 참고 사랑 가운데 서로 용납하는 교회, 마귀가 분열시킬 수 없는 단결된 교회를 이루기를 바랍니다. 맡은 자들에게 구할 것은 충성이라고 했습니다. 각자 맡은 직분과 사명을 따라 충성을 다할 때, 교회는 하나님께 영광을 돌리며 더욱 성경적인 교회로 굳게 서고 교회에 속한 한 사람 한 사람이 영적인 승리의 기쁨을 누리게 될 것입니다.

마귀의 간계를 능히 대적하기 위하여 하나님의 전신 갑주를 입으라
우리의 씨름은 혈과 육을 상대하는 것이 아니요
통치자들과 권세들과 이 어둠의 세상 주관자들과 하늘에 있는
악의 영들을 상대함이라 그러므로 하나님의 전신 갑주를 취하라
이는 악한 날에 너희가 능히 대적하고
모든 일을 행한 후에 서기 위함이라

엡 6:11-13

9

사마귀의 속삭임을 멀리하라

지금까지 우리는 마귀가 삶의 전방위에서 우리를 공격한다는 사실을 알았습니다. 그렇다면 계속되는 마귀의 공격 가운데 어떻게 승리할 수 있을까요? 이 영적 전쟁에서 승리하기 위해서는 훈련을 잘 받아야 합니다. 어떤 훈련을 받아야 하는지 구체적으로 살펴봅시다.

적을 식별하라

전쟁에서는 가끔 아군의 총에 숨지거나 부상당하는 경우가 있습니다. 걸프 전쟁에서 미군은 최첨단 무기를 갖추고 있음에도 오인 사격으로 많은 피해를 입었습니다. 전사자 146명 중 35명이 아군의 총에 맞아 죽고, 전상자 55,467명 중 72명이 아군의 총 때문에 부상을 당했습니다. 그만큼 전쟁에서 아군과 적군을 식별하는 것은 아주 중요합니다.

영적 전쟁에서 가장 중요한 훈련은 적을 식별하는 것입니다. 영적 전쟁에서 우리가 싸워야 할 적은 사람이 아니라 악한 영들입니다. 악한 영들은 본래 천사였는데 하나님을 대적하여 타락한 존재로, '사마귀'라고 하며 '사마귀'는 사탄, 마귀, 귀신을 가리키는 것입니다. 그러므로 남편과 아내, 부모와 자식, 성도들 사이에 갈등이 생길 때 상대를 원수로 생각하지 말고 그 뒤에 있는 마귀를 향하여 공격해야 합니다. 마귀에 대해 기도로 공격하고 말씀으로 물리쳐야 합니다. 또한 하나님의 능력으로 마음을 보호하기를 바랍니다. 우리는 모두 아군입니다.

공격 양상을 파악하라

|

이어서 우리는 적의 공격 양상을 파악하는 훈련을 해야 합니다. 어떤 방식으로 공격하는지를 알면 이길 수 있습니다. 우리의 주

적인 마귀의 공격 양상은 그의 이름에 숨어 있습니다. 이름은 정체성을 보여 줍니다. 그가 누구인지, 어떻게 사는지를 드러내는 것입니다.

그렇다면 마귀의 이름은 어떤 뜻을 가지고 있습니까? 이 내용은 앞서 살펴보았으니 간단하게 보겠습니다. 마귀는 기본적으로 '분열시킴'(separating)이라는 뜻을 가지고 있습니다. 하나님과 사람, 사람과 사람을 분리시키고 이간질합니다. 최초의 인간이었던 아담과 하와도 마귀의 유혹 때문에 하나님과 분리된 것입니다. 또 마귀는 '불평'(complaint), 특히 '중상모략'(calumniation)이라는 뜻을 가지고 있습니다. 마음에 불평이 가득 찼다면 분명 마귀의 공격을 받고 있는 것입니다. 그리고 누군가에 대하여 중상모략하는 것도 마귀의 공격을 받고 있는 것입니다. 그리고 마귀는 '소문을 퍼뜨리는 자'(talebearer)라는 뜻을 가지고 있습니다. 우리 사회의 병든 문화 중 하나는 인터넷상에서 무분별하게 소문을 퍼뜨리는 것입니다. 마지막으로 사탄은 '증오하는 자'(hater)라는 뜻을 가지고 있습니다. 내 안에 누군가에 대한 미움이 싹튼다면 마귀의 공격을 받고 있는 것입니다.

이러한 특징을 가진 마귀는 거짓의 아비이기 때문에 기만전술을 가장 많이 씁니다. 과거에 천사였기 때문에 광명의 천사로 가장하여 선하고 아름답고 정의로운 모습을 약속하지만 사실은 가장 비참한 결론을 만드는 것입니다. 마귀는 하와를 공격할 때도 선악과를 먹으면 하나님과 같아진다고 했지만 절대로 그런 일은 일어나지 않았고 오히려 저주를 받고 세 가지 죽음이 찾아왔습니다. 성경에서 죽음은 '분리'를 뜻합니다. 우리가 범죄하여 죽게 되었을 때 세 가지 차원의 죽음이 우리에게 온 것입니다. 첫째, 영적인 죽음으로 하나님과 분리되었고 둘째, 육신의 죽음을 피할 수 없게 되었고 셋째, 영원한 죽음인 지옥에 들어가 하나님과 영원히 분리되어 형벌을 받는 존재가 된 것입니다.

"이는 우리로 사탄에게 속지 않게 하려 함이라 우리는 그 계책을 알지 못하는 바가 아니로라"(고후 2:11).

사탄에게 속지 않으려면 말씀을 가까이해야 합니다. 성경 말씀을 통하여 분별하는 것입니다. 그렇다면 사탄은 우리를 어떤 영역에서 속이고 있습니까?

너 자신을 신으로 숭배하라

첫 번째, 너 자신을 신으로 숭배하라고 속입니다. 이것은 하와를 공격했던 마귀의 공격 양상입니다.

"너희가 그것을 먹는 날에는 너희 눈이 밝아져 하나님과 같이 되어 선악

을 알 줄 하나님이 아심이니라"(창 3:5).

하와는 사탄의 이 말, 즉 하나님과 같이 된다는 말에 속아서 인생을 망쳤습니다. 지금도 사람들의 마음속에는 하나님처럼 되고 싶은 마음이 있습니다. 우리도 종종 스스로 하나님의 위치에 설 때가 있습니다. 성경에서는 말세가 될수록 이것이 더욱 강해진다고 경고합니다.

"너는 이것을 알라 말세에 고통하는 때가 이르러 사람들이 자기를 사랑

하며 돈을 사랑하며 자랑하며 교만하며 비방하며 부모를 거역하며 감사

하지 아니하며 거룩하지 아니하며"(딤후 3:1-2).

말씀에 나온 '자기 사랑'은 자신을 하나님의 위치에 올려놓는 것입니다. 카일 아이들먼(Kyle Idleman)은 《거짓 신들의 전쟁》(규장, 2013)이라는 책에서 이 부분을 잘 설명하고 있습니다.

그는 자신을 신으로 숭배하는 사람들에게 나타나는 증상이 있다고 합니다. 먼저, '교만'입니다. 자신이 항상 옳고 남보다 뛰어나기 때문에 높임을 받아야 된다는 것입니다. 그리고 교만은 자신이 하나님이라고 생각하는 자기 숭배에 빠진 사람의 모습

입니다. 하나님은 교만을 싫어하십니다.

자신을 신으로 섬기는 사람의 또 다른 증상은 '불안'입니다. 자기가 신이 아니라서 완전할 수 없기 때문에 언제나 실패에 대한 불안이 있는 것입니다. 남들이 자신을 높게 평가하지 않으면 불안과 두려움에 사로잡힙니다. 능력과 돈이 없을 때 불안합니까? 그것은 하나님이 아니라 자신을 신으로 섬기고 있기 때문입니다.

> "인자야 너는 두로 왕에게 이르기를 주 여호와께서 이같이 말씀하시되
> 네 마음이 교만하여 말하기를 나는 신이라 내가 하나님의 자리 곧 바다
> 가운데에 앉아 있다 하도다 네 마음이 하나님의 마음 같은 체할지라도
> 너는 사람이요 신이 아니거늘"(겔 28:2).

오늘도 마귀는 우리의 마음에 '네가 최고야', '네가 역사의 중심이야'라는 생각을 집어넣습니다. 자꾸 부추기며 우리를 교만하게 만듭니다. 하지만 이것이 자기 숭배의 현상이며 마귀의 기만전술임을 잊지 말고 교만의 자리에서 내려와 겸손해야 합니다. 물이 높은 곳에서 낮은 곳으로 고이듯이, 겸손한 곳에는 하나님의 은혜가 고여서 불안도 두려움도 이기게 될 것입니다.

2013년 5월 20일 〈타임〉(Time)지에 "The Me, Me, Me Generation"(나, 나, 나밖에 모르는 세대)이라는 제목의 흥미로운 기사가 실렸습니다. 미국의 국립보건원이 100년 동안 미국인을 조사했는데, 미국의 20대는 65세 이상의 사람들에 비해 자기애적 인격장애(narcissistic personality disorder)에 걸릴 확률이 세 배 많다는 결과가 나왔다고 합니다. 또 미국 대학생의 58% 이상이 이 증상을 겪고 있다고 합니다. 이것이 바로 이 시대의 모습입니다. 자신을 신으로 여겨서 모든 것이 자기중심적입니다. 놀랍게도 이런 현상은 교회 안에서도 동일하게 일어납니다. 자기애적 인격장애, 지독한 이기심과 영적인 태만에 빠져 있는 사람을 교회 안에서도 쉽게 볼 수 있습니다. 그것이 자기 숭배입니다. 우리 안에 그런 모습이 있지 않은지 돌아보기를 바랍니다.

오락을 신으로 숭배하라

두 번째, 마귀는 오락을 신으로 숭배하라고 속입니다. 요즘 우리의 문화는 지나치게 오락에 집착합니다. 그중 하나가 스포츠입니다. 심지어 카일 아이들먼은 "현재 미국 사회에서 급속히 성장하는 신흥 종교는 스포츠다"라고 했습니다. 사람들은 주말마다 미식축구 경기장으로 달려갑니다. 미식축구 경기장이 거대한 신전인 셈입니다. 그곳은 이미 거룩한 땅으로 주말마다 수많은 순례자들이 몰려듭니다.

또한 연예계나 스포츠계의 뉴스 및 유명인들의 이야기에 지대한 관심을 보이는 것, 게임과 소셜 네트워크도 문제입니다. 존 파이퍼(John Piper) 목사는 "우리가 기도의 삶을 살지 못하는 것은 시간이 부족해서가 아니라 소셜 네트워크 때문이다"라고 했습니다. 텔레비전도 마찬가지입니다. 거실의 중앙에 텔레비전이 있는 경우가 많은데, 마치 우리는 중앙 성소의 개념으로 텔레비전을 보는 것을 넘어 예배한다고 할 정도로 그것에 빠져 있습니다.

"배신하며 조급하며 자만하며 쾌락을 사랑하기를 하나님 사랑하는 것보다 더하며"(딤후 3:4).

한편 카일 아이들먼은 오락도 하나님이 주신 선물이라고 말합니다. 오락이 나쁜 것이면 하나님이 왜 인간에게 웃고 즐거워할 수 있는 능력을 주셨을까요? 결국 오락을 적절히 즐기라는 것입니다. 그러나 이것이 하나님의 위치에 올라가면 안 됩니다. 그 순간 오락은 선물이 아니라 우리를 파괴하는 것이 됩니다. 그러므로 오락을 신으로 삼으라는 마귀의 속임수에 넘어가지 않기를 바랍니다.

돈을 신으로 숭배하라

세 번째, 마귀는 돈을 신으로 숭배하라고 속입니다. 어떤 일을 할 때 돈이 되면 하고 돈이 되지 않으면 하지 않습니까? 아니면 돈과 상관없이 하나님이 시키면 합니까? 돈이 없으면 불안하고 돈이 있으면 든든합니까? 아니면 돈이 없어도 하나님을 믿으니까 든든합니까? 가족보다 돈을 더 사랑하지 않습니까? 돈 때문에 부부 싸움을 하지는 않습니까? 형제들과 유산 문제로 싸우지 않습니까? 이러한 질문에 어떠한 답을 내놓을 수 있는지 한번 생각해 보십시오. 이것은 여러분이 하나님을 신으로 모셨는지, 돈을 신으로 모셨는지를 판단할 수 있는 기준입니다.

미국 돈에는 "In God We Trust"라는 문장이 새겨져 있습니다. 본래 이 문장은 "We Trust In God"인데 하나님만을 강조하기 위해 문장의 순서를 바꾼 것입니다. 그래서 이 문장은 "우리는 하나님을 신뢰한다"가 아니라 "우리는 하나님만을 신뢰한다"라고 해석해야 합니다. 미국의 조상들은 그들의 후손이 돈보다 하나님을 더 신뢰하기를 소망했던 것입니다.

사랑하는 여러분, 돈뿐만 아니라 돈보다 더 크고 영원하고 중요한 것을 주실 수 있는 하나님을 신뢰하며 섬기기를 바랍니다. 그것은 헌금 생활을 통해 드러납니다. 특히 십일조 생활을 보면 삶의 주인이 누구인지 알 수 있습니다. 저도 가난했고 어려운 시절을 보냈지만 때에 따라 십일조를 드렸고 하나님은 부족함 없이 제 삶을 부요하고 복되게 인도해 주셨습니다.

십일조를 내야 하는 이유는 첫 번째, 십일조가 돈이 아니라 하나님이 나의 신이라는 고백이기 때문입니다. 두 번째, 십일조를 뛰어넘어야 하늘 위에서 오는 감격을 누릴 수 있기 때문입니다. 분명 놀라운 역사를 경험하게 될 것입니다.

저는 군에 있을 때 공수 교육을 받았습니다. 하늘에서 낙하산을 메고 뛰어내리기 전에 하는 지상 교육의 마지막 코스는 모형탑(mock tower)에서 뛰어내리는 훈련입니다. 그 훈련에 합격해야 400m 상공 하늘에서 낙하산을 매고 뛰어내릴 수 있습니다. 그런데 그 모형탑에서 뛰어내리는 것이 아주 무섭습니다. 왜냐하면 그 높이를 인간이 가장 공포스럽다고 느끼기 때문입니다. 그래서 모형탑에서 뛰어내리는 것에 합격하면 지상 400m 창공에서도 과감하게 뛰어내릴 수 있습니다. 그 공포스러운 모형탑의 높이가 11m입니다.

신앙생활에도 공포의 11m가 있습니다. 바로 십일조입니다. 십일조를 드리면 죽는 줄 아는 사람이 있는데 그것은 놀라운 은혜를 실제로 경험해 보지 못했기 때문입니다. 모형탑같이 공포스러운 십일조를 드리면 신앙의 창공에서 낙하산을 타고 내려오는 감격을 누릴 수 있을 것입니다.

《톰 소여의 모험》을 쓴 마크 트웨인(Mark Twain)은 "어떤 사람들은 지위를 섬기고 어떤 사람들은 영웅을 섬기고 어떤 사람들은 권력을 섬기고 어떤 사람들은 하나님을 섬긴다. 그러나 그들은 모두 돈을 섬기고 있다. 하나님을 섬긴다고 말하는 사람조차도 돈을 섬기고 있다"라고 했습니다.

> "한 사람이 두 주인을 섬기지 못할 것이니 혹 이를 미워하고 저를 사랑하거나 혹 이를 중히 여기고 저를 경히 여김이라 너희가 하나님과 재물을 겸하여 섬기지 못하느니라"(마 6:24).

> "돈을 사랑함이 일만 악의 뿌리가 되나니 이것을 탐내는 자들은 미혹을 받아 믿음에서 떠나 많은 근심으로써 자기를 찔렀도다"(딤전 6:10).

돈 때문에 부모나 형제를 해치는 사람, 보험금 타려고 남편이나 아내를 해치는 사람이 있지 않습니까? 돈은 필요에 따라 사용해야 하지, 그것을 사랑하는 것은 온갖 악의 뿌리가 된다는 것입니다. 너무나 많은 범죄가 돈에 대한 탐심 때문에 일어납니다.

> "내가 궁핍하므로 말하는 것이 아니니라 어떠한 형편에든지 나는 자족하기를 배웠노니 나는 비천에 처할 줄도 알고 풍부에 처할 줄도 알아 모

든 일 곧 배부름과 배고픔과 풍부와 궁핍에도 처할 줄 아는 일체의 비결을 배웠노라 내게 능력 주시는 자 안에서 내가 모든 것을 할 수 있느니라"(빌 4:11-13).

신앙의 힘이 이것입니다. 궁전이나 초막이나 다 행복한 것입니다. 내게 능력을 주시는 하나님 안에서는 궁핍할 때도 찬송하며 기뻐할 수 있고 풍부할 때도 교만하지 않을 수 있는 것입니다. 바로 이것이 진짜 신앙의 모습입니다. 돈이 아니라 하나님이 여러분의 주인이 되는 삶을 살아가기를 바랍니다.

성을 신으로 숭배하라

네 번째, 마귀는 성(섹스)을 신으로 숭배하라고 속입니다. 카일 아이들먼은 "성은 부부의 영적인 연합을 위해 하나님이 주신 선물"이라고 했습니다. 부부가 서로 신뢰와 존중 가운데 성을 누리는 것은 영적인 연합으로 이어집니다. 또 성은 자녀를 생산하고 즐거움을 누리게 하려고 주신 것입니다. 카일 아이들먼은 "하나님은 성관계를 그저 아이를 낳기 위한 기계적인 것으로 만드실 수도 있고 머리카락이 자라는 것처럼 아무것도 느끼지 못하게 하실 수도 있었다. 그러나 하나님은 부부가 연합하는 것을 즐거워서 할 수 있게 만들어 주셨다. 성은 하나님이 주신 선물이다"

라고 했습니다.

그러나 이 선물이 잘못된 위치에서 하나님을 대신하게 될 때, 우리의 인격과 인생이 무너지게 됩니다. 마귀는 하나님이 주신 선물인 성을 합법적인 부부 관계가 아닌 잘못된 관계를 통해 펼치게 함으로써 그것을 저주가 되게 하는 것입니다. 머릿속에 온통 성에 대한 생각으로 가득 차 있는 사람의 신은 하나님이 아니라 성입니다. 그런 사람은 건강한 부부 생활과 가정생활을 할 수 없고 인격 자체도 파괴되고 맙니다.

> "낮에와 같이 단정히 행하고 방탕하거나 술 취하지 말며 음란하거나 호색하지 말며 다투거나 시기하지 말고"(롬 13:13).

음란은 난잡한 성관계를, 호색은 음란물 따위를 즐겨 찾는 것을 말합니다. 이런 것은 얼마든지 우리를 점령할 수 있습니다.

> "하나님 아는 것을 대적하여 높아진 것을 다 무너뜨리고 모든 생각을 사로잡아 그리스도에게 복종하게 하니"(고후 10:5).

우리 안에 있는 모든 생각이 좋은 것은 아닙니다. 마귀가 공격하는 생각도 있습니다. 바로 이 생각을 예수 그리스도께 복종시켜야 합니다.

미국의 포르노 산업의 수입은 야구와 농구와 미식축구에 소비하는 돈을 합친 것보다 더 많고, 2011년에는 ABC, NBC, CBS, FOX 등 미국 주요 방송국들의 총수입보다 더 많았다고 합니다. 포르노 산업이 연간 100억 달러 이상의 시장을 형성하는 노른자위 사업이 되고 있다는 것입니다.

우리나라 사정도 마찬가지입니다. 우리나라에서 일어나는 불륜과 혼외정사는 대부분 직장 동료가 건네는 칭찬하는 말, 은연중에 나누는 암시적인 동작, 편한 친구로 지내자는 요청 등 가벼운 것으로 시작되지만, 결국에는 결혼 생활을 파탄으로 이끕니다. 마귀는 계속해서 "저 사람과 함께라면 행복할 수 있어"라고 속삭이지만 그때마다 마귀의 공격임을 분별하고 절대 속지 마십시오. 그것은 우리 인생에 파괴를 가져옵니다.

안타깝게도 10대들의 음란물 중독 문제는 이미 그 도를 넘어섰습니다. 인터넷과 스마트폰을 통해 언제 어디서든지 음란물을 접할 수 있기 때문에 우리의 힘으로는 완벽하게 막을 수 없습니다. 따라서 그에 대한 교육을 제대로 하고 인터넷과 스마트폰과 같은 세계에 하나님의 통치가 임하도록 눈물로 통곡하며 기도해야 합니다.

"하나님이 그 지역의 성을 멸하실 때 곧 롯이 거주하는 성을 엎으실 때
에 하나님이 아브라함을 생각하사 롯을 그 엎으시는 중에서 내보내셨더
라"(창 19:29).

　하나님은 소돔과 고모라를 멸하실 때, 창세기 18장에 있는 아
브라함의 기도를 생각하시고 롯을 내보내셨습니다. 그렇게 우
리는 기도로 자녀를 보호할 수 있어야 합니다.

　영적 전쟁의 승리를 위한 훈련 중 가장 중요한 것은 적군을 식
별하는 것입니다. 우리의 적은 사람이 아니라 그 뒤에 있는 사마
귀라는 사실을 기억하고 적을 잘 분별하십시오. 그 다음으로 적
의 공격 양상을 파악하는 훈련을 해야 합니다. 마귀의 전략은 속
임수입니다. 내가 최고라고, 오락이 최고라고, 돈이 최고라고,
성이 최고라고 속이며 하나님이 아닌 것을 신이 되게 하는 것이
마귀의 공격인 것입니다. 이 모든 것을 잘 파악하고 영적 전쟁에
서 승리하는 여러분이 되기를 바랍니다.

그러므로 하나님의 전신 갑주를 취하라 이는 악한 날에 너희가 능히 대적하고
모든 일을 행한 후에 서기 위함이라 그런즉 서서 진리로 너희 허리 띠를 띠고
의의 호심경을 붙이고 평안의 복음이 준비한 것으로 신을 신고 모든 것 위에
믿음의 방패를 가지고 이로써 능히 악한 자의 모든 불화살을 소멸하고
구원의 투구와 성령의 검 곧 하나님의 말씀을 가지라 모든 기도와 간구를 하되
항상 성령 안에서 기도하고 이를 위하여 깨어 구하기를 항상 힘쓰며
여러 성도를 위하여 구하라

엡 6:13-18

10

승리를 위한 훈련 2 **말씀의 전신갑주를 입으라**

우리의 의지와 상관없이 예수님을 믿은 후부터 사탄, 마귀, 귀신이 우리를 공격합니다. 그리고 이 전쟁에 패배하면 인생이 무너집니다. 하와는 하나님같이 된다는 마귀의 속임수에 넘어가 결국 인류의 타락의 출발점이 되는 비극을 경험하게 됩니다. 또 하와의 아들이었던 가인은 '분노'라는 마귀의 공격을 대처하지 못하고 패배한 결과, 동생을 살인하는 비극의 주인공이 되고 맙니다. 그리고 다윗은 한순간 마음속에 몰려온 '음란'이라는 마귀의 공격을 이기지 못하여 인생이 무너집니다.

이렇게 마귀는 우리의 삶 전부를 공격합니다. 마음, 말, 습관, 가정, 사회생활, 인터넷 세계, 교회를 공격합니다. 이러한 마귀의 공격을 이기려면 훈련을 잘 받아야 합니다. 어떤 훈련을 받아야 하는지 앞 장에 이어 계속해서 살펴보겠습니다.

"그러므로 하나님의 전신갑주를 취하라 이는 악한 날에 너희가 능히 대적하고 모든 일을 행한 후에 서기 위함이라"(엡 6:13).

말씀은 적군에 맞서 싸워 대적하고 승리를 이루기 위해 전신갑주를 입으라는 것입니다. '전신갑주', 요즘 말로 하면 완전 무장을 하라는 말인데, 이것은 무슨 훈련일까요? 이 완전 무장, 완전 군장을 갖추는 것은 그림 언어입니다. 성경에는 그림 언어들이 종종 나옵니다. 그림 언어란, 하나님이 말씀하고자 하시는 것을 쉽게 설명하기 위해 눈에 보이는 것같이 설명하는 방식입니다.

성경의 시대에는 지금처럼 시청각 교재가 많이 발달하지 않았기 때문에, 진리를 그림 언어나 시각적인 효과로 설명하는 일이 많습니다. 씨 뿌리는 비유가 그러한 예입니다. 말씀은 씨 뿌리는 것을 그림처럼 보여 줍니다. 밭의 반응을 통해 하나님의 말씀을 받아들이는 사람들의 태도를 가르치는 것입니다. 탕자의 비유도 마찬가지입니다. 한 사람이 하나님께 돌아와 관계가 회복되고 구원을 받는 장면을 마치 영화처럼 보여 주며 진리를 깨닫게 하십니다.

전신갑주도 그림 언어입니다. 로마군의 완전 무장을 한 모습을 보여 주면서 어떻게 우리가 영적 전쟁에서 승리할 수 있는지를 가르쳐 주는 것입니다. 그런데 이 그림 언어에 나오는 허리띠, 방패 같은 것보다 중요한 것은 그 앞에 붙은 명사들입니다. 그리고 이것은 옷을 입는 것처럼 완전 군장을 챙기는 것이 아니라 훈련이 되어야 하는 것입니다. 훈련은 교육과 달리 몸으로 체득하는 것으로 교육보다 확실한 효과와 변화가 있습니다.

그렇다면 전신갑주는 영적 전쟁에서 승리하기 위해 어떤 훈련을 하라는 것일까요?

진실하게 사는 훈련

|

첫째, 승리를 위해서는 진실하게 사는 훈련을 해야 합니다.

"그런즉 서서 진리로 너희 허리 띠를 띠고 의의 호심경을 붙이고"(엡 6:14).

'진리'라는 말은 헬라어로 '알레데이아'(ἀλήθεια)입니다. 이 말은 '진리', '성실', '진실'로 번역할 수 있습니다. 그럼 이 세 가지 중에 무엇으로 해석해야 할까요? F. F. 브루스는 여기서 '진리'는 윤리적인 자질을 의미한다고 했습니다. 따라서 우리는 '진리의 허리띠'를 '진실된 삶'으로 해석해야 합니다. 성도가 마귀와 싸울 때 가장 큰 무기는 진실인 것입니다.

진실의 반대는 거짓입니다. 마귀는 거짓의 아비이기 때문에 끊임없이 거짓된 생각과 말과 행동을 하도록 우리를 유혹합니다. 이 유혹에 넘어가서 패배하게 되면 거짓을 감추기 위해 또 다른 거짓을 행하고 그러다가 들통이 나면 관계가 파괴됩니다. 결국 마귀에게 패배하여 마귀의 포로가 되고 신앙의 인격과 인생이 망가지는 것, 바로 그것이 마귀가 노리는 것입니다. 그러므로 신앙생활을 하면서 진실할 수 있기를 바랍니다. 마음에 거짓말하라는 속삭임이 들립니까? 누군가를 속이라는 마음이 들어옵니까? 그것이 마귀의 공격임을 분별하십시오.

'아간'이라는 인물은 여리고를 공격할 때 아무것도 취하지 말라는 하나님의 말씀을 어기고 좋은 것을 빼돌렸습니다. 이것도 모르고 여호수아 군대는 아이 성 전투에 임했다가 완전히 패배했습니다. 상대가 여리고보다 작은 성이었는데도 패한 것입니다. 이길 수 없는 여리고와의 전투를 이겼는데 이길 수 있는 아이 성 전투에서 패배한 원인을 찾아 보니 아간이 문제였습니다. 그가 잘못을 숨기고 거짓말을 하고 있었던 것입니다. 그 결과, 그 인생은 돌무덤에 묻히는 파괴로 끝나게 됩니다. 이처럼 거짓은 우리를 파괴시킵니다. 공동체를 파괴하고 나 자신도 파괴하는 것입니다.

'아나니아'와 '삽비라'는 하나님 앞에 헌금을 드리고 싶은 마음이 있었습니다. 그런데 땅을 팔고 보니 그 돈을 다 드리기 너무나 아까운 것입니다. 그래서 베드로 사도에게 일부를 갖다 주면서 그것이 전부라고 말했습니다. 그 순간 그의 영혼을 하나님이 부르십니다. 곧바로 들어온 그의 부인도 그것이 전부라며 거짓말을 했고 결국 그녀도 죽었습니다.

거짓의 결과는 인생의 파멸입니다. 아나니아와 삽비라는 영적 전쟁에서 패배하여 인생의 엄청난 비극을 경험하게 되었습니다. 그러므로 우리는 진실해야 합니다. 진실이 생명입니다. 유명한 정치인 벤자민 프랭클린(Benjamin Franklin)이 "정직이 최선의 정책이다"라고 말할 정도로 정직은 살아가는 데 중요한 덕목입니다.

"너희가 서로 거짓말을 하지 말라 옛 사람과 그 행위를 벗어 버리고"(골 3:9).

"그런즉 거짓을 버리고 각각 그 이웃과 더불어 참된 것을 말하라 이는 우리가 서로 지체가 됨이라"(엡 4:25).

그리스도인 도산 안창호 선생은 거짓말을 아주 싫어했습니다. 그는 연설할 때 "거짓이여! 너는 내 나라를 망하게 한 불공대천의 원수로다"라고 했습니다. 거짓 때문에 나라가 망했다는 것입니다. 또 청년들에게는 언제나 "여러분, 꿈에서라도 거짓말을 했다면 깨어서 뉘우치고 회개하십시오. 이 나라를 살리는 길은 젊은 여러분이 진실을 회복하는 것밖에 없습니다"라고 말했습니다. 진실된 삶의 중요성을 잘 알고 있었던 것입니다.

따라서 우리는 날마다 하나님을 속이려고 하는 것은 없는지 가정에서 부모님이나 배우자를 속이려고 하는 것은 없는지, 직장에서 상사나 직장 동료 또는 직원을 속이려고 하는 것은 없는지 돌아보고 진실을 훈련해야 합니다.

정의롭게 사는 훈련

둘째, 승리를 위해서는 정의롭게 사는 훈련을 해야 합니다.

"그런즉 서서 진리로 너희 허리 띠를 띠고 의의 호심경을 붙이고"(엡 6:14).

말씀에 있는 '의'는 '디카이오쉬네'(δικαιοσύνη)로 '칭의', '정의', '공평'으로도 번역됩니다. F. F. 브루스는 이 '의'를 윤리적인 자질로 보았습니다.

사탄은 불법을 저지르는 존재입니다. 우리가 불법을 저지르고 불의한 일을 행하며 공평하지 못한 일을 하도록 공격합니다. 그러나 우리는 정의롭게 살아야 합니다. 제임스 패커의 지적처럼, 현대 교회는 '칭의'를 가르치지만 '정의'는 가르치지 않습니다. 이것이 교회가 무너지는 이유 중 하나입니다. 칭의는 예수 그리스도의 십자가의 공로로 말미암아 모든 죄가 속죄함을 받고 의로운 하나님의 자녀 신분을 얻게 된 것을 뜻합니다. 얼마나 중요한 진리입니까?

그러나 성경에서는 칭의에서 멈추지 말고 칭의 다음에 정의로운 삶을 살아야 한다고 합니다. 하나님은 우리를 구원하실 때 '칭의'만 주는 것이 목적이 아니었습니다. 우리를 통하여 이 땅을 정의로운 사회로 만들기를 원하신 것입니다.

> "그러나 하나님의 견고한 터는 섰으니 인침이 있어 일렀으되 주께서 자기 백성을 아신다 하며 또 주의 이름을 부르는 자마다 불의에서 떠날지어다 하였느니라"(딤후 2:19).

"그가 우리를 대신하여 자신을 주심은 모든 불법에서 우리를 속량하시고 우리를 깨끗하게 하사 선한 일을 열심히 하는 자기 백성이 되게 하려 하심이라"(딛 2:14).

정의롭게 사는 것은 우리의 양심을 보호하는 것입니다. 그래서 말씀에서 '의의 호심경'(심장을 보호)이라고 표현한 것입니다. 우리가 정의와 공정함을 잃어 버리도록 마귀가 계속해서 공격하고 있음을 깨달아야 합니다. 칭의만 중요한 것이 아니라 정의까지 회복하는 여러분이 되기를 바랍니다. 그때 비로소 영적 전쟁에서 승리하게 될 것입니다.

평화롭게 사는 훈련

|

셋째, 승리를 위해서는 평화롭게 사는 훈련을 해야 합니다.

"평안의 복음이 준비한 것으로 신을 신고"(엡 6:15).

전투할 때 전투화는 정말 중요합니다. 발이 맞지 않으면 굉장히 힘듭니다. 전투화가 발에 맞지 않거나 발이 약한 사람이 행군을 하면 물집이 생깁니다. 그 고통은 굉장히 큽니다. 물집이 잡히면 걸을 때마다 바늘로 찌르는 아픔이 있기 때문입니다. 따라서 발이 편해야 행군을 잘하고 전투도 잘할 수 있습니다.

영적 전쟁도 신발이 편해야 하는데 그것은 '평안의 복음'이라고 말씀에 나옵니다. '평안의 복음'은 '유앙겔리우 테스 에이레네스'(εὐαγγελίου τῆς εἰρήνης)라는 말로, 번역하면 '평화의 복음이 준비한 신발'입니다. 예수 그리스도의 십자가와 부활의 복음은 하나님과의 평화, 다른 사람과의 평화를 줍니다. 진정으로 복음을 경험한 사람은 하나님의 사랑 앞에 다른 사람을 용서하고 용납하게 됩니다. 그가 가는 곳마다 평화로운 인간관계가 싹트는 것입니다.

찬송가 436장 "나 이제 주님의 새 생명 얻은 몸"의 3절 가사는 이렇습니다. "산천도 초목도 새것이 되었고 죄인도 원수도 친구로 변한다. 새 생명 얻은 자 영생을 누리니 주님을 모신 맘 새 하늘이로다." 가사에 나온 대로 예수님을 믿으면 하나님과의 관계만 좋아지는 것이 아니라 산천초목도 좋게 보이고 죄인도, 원수도 친구로 변하게 됩니다. 정말 복음을 아는 사람은 용납과 용서의 마음이 있기 때문입니다. 이 마음이 평안의 복음이 예비한 신발입니다. 그 마음으로 만나는 사람들마다 화해하니까 주변에 힘들게 하는 사람이 적어지고 그 사람을 통한 마귀의 공격도 줄

어드는 것입니다.

그래서 '복음이 예비한 신발'이란 복음의 은혜로 다른 사람과 평화할 수 있는 마음을 가진 것을 뜻합니다. 이런 사람은 어디서든지 평화를 만드는 '피스메이커'가 됩니다. 마귀는 인간관계의 불화를 통하여 우리를 공격하지만 평화의 복음, 즉 하나님과 평화를 경험한 그 은혜를 가지고 나아가면 마귀의 공격을 이길 수 있다는 것입니다.

"서로 친절하게 하며 불쌍히 여기며 서로 용서하기를 하나님이 그리스도 안에서 너희를 용서하심과 같이 하라"(엡 4:32).

혹시 지금 누군가와 불화 가운데 있거나 갈등 관계에 있지 않습니까? 그렇다면 지금 마귀의 공격을 받고 있는 것입니다. 이제 여러분은 그 갈등과 불화가 마귀의 공격임을 깨닫고 평화의 복음을 받은 사람으로 평화를 만들어가기를 바랍니다.

믿음으로 사는 훈련
|
넷째, 승리를 위해서는 믿음으로 사는 훈련을 해야 합니다.

"모든 것 위에 믿음의 방패를 가지고 이로써 능히 악한 자의 모든 불화살을 소멸하고"(엡 6:16).

말씀에서 "믿음의 방패"라는 말은 '뒤레온 테스 피스테오스'(θυρεὸν τῆς πίστεως)로 '방패'는 '뒤레온'(θυρεὸν)이라는 단어인데, 이 말은 '문'(뒤라, θύρα)이라는 단어에서 유래한 것입니다. 로마 시대에는 작고 둥근 방패도 있었지만, 본문에서 말하는 이 방패는 문짝같이 큰 방패를 의미합니다. 여러 가죽을 덧대어 만든 것으로 전투 전에 물에 흠뻑 적셔 두면 불화살이 꽂혀도 금방 불이 꺼질 정도였습니다.

마귀는 지금도 수많은 성도에게 불화살을 쏩니다. 의심, 걱정, 염려, 두려움, 시련 등의 불화살을 쏘면 사람들의 마음은 무너집니다. 이 불화살을 맞고는 버틸 수 없는 것입니다. 그러나 든든한 방패, 믿음이 있다면 어떠한 불화살도 막아낼 수 있습니다. 마귀의 어떠한 공격도 이길 수 있는 것입니다.

가나안 정복을 앞둔 이스라엘에게 가장 큰 문제는 그들과 가나안 족속의 능력을 비교하는 것이었습니다. 그래서 열두 명의 정찰대를 파견했고 돌아온 그들의 보고는 10대 2로 나뉘었습니다. 다수인 열 명은, 가나안 땅의 백성은 모두 거인이고 자신들은 메뚜기 같아서 전쟁을 하면 보나 마나 이스라엘이 패배할 것이라고 말했습니다. 그러나 나머지 두 명, 여호수아와 갈렙은 "그 땅 백성을 두려워하지 말라. 저들은 우리의 밥이다. 하나님이 우리와 함께하시므로 능히 이길 것이다"라고 말했습니다 (민 13:30, 14:9 참고).

열 명은 믿음의 방패가 없어서 위협적인 가나안 족속의 모습을 보고 기가 죽었지만, 두 명은 믿음의 방패가 커서 가나안 족속의 위협적인 모습을 보고도 전혀 기가 죽지 않았습니다. 똑같은 상황에서 결국은 믿음의 방패가 있느냐, 없느냐, 또는 크냐 작냐의 문제였던 것입니다. 이렇게 영적으로 승리한 사람들은 모두 믿음의 방패가 큰 사람입니다. 이러한 사람들을 통해 가나안 정복의 역사를 완수하게 된 것입니다

골리앗 앞에 선 다윗 이야기도 마찬가지입니다. 이스라엘 군대는 거대한 골리앗만 보았고, 다윗은 골리앗보다 크고 강하신 하나님을 보았기에 그분이 자신을 보호하고 이기게 하실 것을 확신했습니다. 이것이 믿음의 방패입니다. 믿음의 방패가 있기에 골리앗이 거인이 아니라 거대한 표적으로 보인 것입니다.

영어에 유명한 말이 있습니다. 어떻게 이스라엘 군대는 골리앗 앞에서 벌벌 떨고 다윗은 어린데도 골리앗을 이겼는가? 이스라엘 군대는 '골리앗이 너무 커서 우리는 결단코 그를 죽일 수 없다'(He is so big, we can never kill him)라고 생각했고, 반대로 다윗

은 '골리앗이 너무 커서 내가 못 맞출 리 없다'(He is so big, I can't miss it)라고 생각했다는 것입니다. 생각의 차이입니다. 이스라엘 군대는 골리앗을 거인으로 보고 기가 죽었지만 다윗은 골리앗을 거인이 아니라 사격 대상인 거대한 표적으로 본 것입니다. 이렇게 똑같은 골리앗이라도 두려움이 밀려올 때 방패가 있는 사람과 없는 사람의 태도가 다릅니다.

우리도 살아가면서 여러 가지 불화살을 맞겠지만 문짝만 한 믿음의 방패가 있다면 능히 이길 수 있습니다. 믿음의 방패가 있는 다윗이 이스라엘을 구한 것처럼, 믿음의 방패가 있으면 가정과 교회와 지역과 조국과 세계를 구할 수 있는 것입니다. 하나님을 종이호랑이로 믿는 것이 아니라 살아 계셔서 전지전능하신 분으로 믿는 사람이 결국 하나님께 쓰임을 받습니다. 그러므로 날마다 믿음이 자라서 더 큰 방패를 갖기를 바랍니다.

확신하며 사는 훈련

|

다섯째, 승리를 위해서는 확신하며 사는 훈련을 해야 합니다.

"구원의 투구와 성령의 검 곧 하나님의 말씀을 가지라"(엡 6:17).

'구원의 투구'는 헬라어로 '페리케팔라이안 투 소테리우'(περικεφαλαίαν τοῦ σωτηρίου)입니다. 이 말씀의 뜻을 선명하게 해석해 주는 부분이 있습니다.

"우리는 낮에 속하였으니 정신을 차리고 믿음과 사랑의 호심경을 붙이고 구원의 소망의 투구를 쓰자"(살전 5:8).

말씀에서는 "구원의 소망의 투구"라고 표현합니다. 그렇다면 '소망'은 무엇일까요? '소망'은 '엘피다'(ἐλπίδα)라는 헬라어로 '소망', '기대', '확신'을 뜻합니다. 소망이 분명하면 확신이 생기기 때문에 소망이 확신인 것입니다. 결국 "구원의 소망의 투구"라는 말은 구원받을 것을 너무나 분명하게 소망하는 것이므로 '구원의 확신의 투구'라고 해석해도 됩니다. 이 구원의 투구가 중요한 이유는 구원의 확신이 없으면 마귀에게 자꾸 흔들리고 불안하며 우울하고 기쁨이 사라지기 때문입니다.

저는 1968년부터 교회에 출석하면서 중등부 회장도 하고 고등부 회장도 하고 말씀의 은혜도 많이 받았습니다. 그리고 목사님의 사랑도 많이 받았습니다. 그런데 때로는 혼자 있을 때 제가 정말 구원을 받은 것인지 헷갈렸습니다. 다행히 1980년 대학교 1학년 때 말씀에 기반한 구원의 진리를 제대로 알게 되었고 구원에 대한 확신이 생겼습니다. 그러자 기쁨도 넘쳤습니다. 지금 죽어도 천국 간다는 확신으로 기쁨이 충만해진 것입니다. 그리고 나를 위해 죽임당하신 예수님을 위해 지금 죽어도 좋다는 헌신의 마음이 불일 듯 일어났습니다. 이렇게 구원의 확신은 중요합니다. 천국에 대한 확신과 충성을 주고 그에 따른 기쁨을 주기 때문입니다.

하지만 구원을 받고도 확신하지 못하는 사람들은 언제나 불안합니다. 예수님이 구주라는 사실을 알지 못하고 지금 죽어도 천국에 간다는 확신이 없으면, 신앙은 마귀가 주는 의심의 공격 앞에 여지없이 무너지는 것입니다.

"내가 하나님의 아들의 이름을 믿는 너희에게 이것을 쓰는 것은 너희로 하여금 너희에게 영생이 있음을 알게 하려 함이라"(요일 5:13).

확신은 말씀을 통해 생깁니다. 그리고 성경은 깨지지 않는 약속, 언약이므로 신뢰할 수 있습니다. '언약'이라는 말은 히브리어로 '브리트'(ברית)라고 합니다. 그리고 언약을 체결한다고 할 때 '체결하다'라는 말은 '카라트'(כרת)인데 그 뜻은 '자르다'입니다. 왜 자를까요?

히브리 사람들은 약속을 맺을 때, 짐승 한 마리를 잡아서 두

조각을 냅니다. 그리고 양쪽에 한 조각씩 놓고 약속을 하는 두 사람이 그 사이로 걸어갑니다. 이것은 '약속을 깨면 이 짐승처럼 쪼개지고 죽을 것이다'라는 것을 의미합니다. 그래서 이 언약은 '생명을 걸고 지키는 약속'을 뜻합니다. 그런데 이 단어를 하나님의 '언약'에 사용한 것입니다.

바로 그 단어를 하나님이 우리에게 주신 구원의 약속인 '언약'에 사용한 것입니다. 그분의 아들의 죽음을 통하여 세우신 언약이기 때문입니다. 그러므로 성경에 있는 약속대로 예수님을 믿으면 우리의 구원은 확실합니다.

"영접하는 자 곧 그 이름을 믿는 자들에게는 하나님의 자녀가 되는 권세를 주셨으니"(요 1:12).

"하나님이 세상을 이처럼 사랑하사 독생자를 주셨으니 이는 그를 믿는 자마다 멸망하지 않고 영생을 얻게 하려 하심이라"(요 3:16).

"내가 진실로 진실로 너희에게 이르노니 내 말을 듣고 또 나 보내신 이를 믿는 자는 영생을 얻었고 심판에 이르지 아니하나니 사망에서 생명으로 옮겼느니라"(요 5:24).

마귀는 끊임없이 구원을 의심하게 합니다. 하지만 말씀에 나온 대로 하나님이 아들의 죽음으로 세우신 구원의 길과 우리에게 베푸신 구원의 약속을 확신하며 마귀의 공격을 이겨내기를 바랍니다.

저희 가족은 6남매로 막내 여동생이 있는데, 막내가 태어났을 때의 그 순간을 잊지 못합니다. 어릴 때였는데도 갓 태어난 귀여운 여동생의 모습이 눈에 선합니다. 저희 남매는 어머니가 집을 비우게 될 때면 종종 둘러앉아 이야기하며 막내에게 "너 다리 밑에서 주워 왔다"라고 놀렸습니다. 그러면 막내는 다른 형제들은 다 친남매인데 진짜 자기만 주워 온 줄 알고 굉장히 슬퍼하며 울었습니다. 왜 울었을까요? 부모님의 친딸이 아니어서가 아닙니다. 확신이 없어서 슬퍼한 것입니다.

마찬가지로 신앙생활도 확신이 없으면 마귀의 공격에 무기력하게 무너지고 맙니다. 하나님의 언약의 말씀, 목숨 걸고 해주신 하나님의 약속을 믿고 기억함으로 구원의 확신을 훈련하며 승리하는 여러분이 되기를 바랍니다.

말씀으로 사는 훈련

|

여섯째, 승리를 위해서는 말씀으로 사는 훈련을 해야 합니다.

"구원의 투구와 성령의 검 곧 하나님의 말씀을 가지라"(엡 6:17).

'성령의 검'은 '마카이란 투 프뉴마토스'(μάχαιραν τοῦ πνεύματος)이고, '검'은 '마카이란'(μάχαιραν)으로 로마 군인들이 흔히 사용하던 짧고 곧은 칼을 뜻합니다. 장검이 아니라 중간 크기라서 활용하기가 아주 좋은 로마 군의 주요 공격 무기였습니다. 또한 이칼은 매우 다루기 쉽고 효율성이 높아서 공격만이 아니라 방어용으로도 쓰였습니다.

말씀에 나오는 '성령의'라는 소유격은 기원의 소유격입니다. 따라서 '성령의 검'은 '성령이 주신 검'으로, 성령의 조명을 의미합니다. 성경을 읽을 때마다 성령이 조명해 주시고 깨닫게 하시는 것을 뜻하는 것입니다. 똑같은 말씀을 들어도 성령이 깨닫게 해주시는 사람은 따로 있습니다. 그런 사람이 예배 때 성령의 검을 받아서 세상으로 나가 사마귀와의 전쟁에서 승리하는 것입니다.

그저 습관적인 예배와 성경 읽기로는 마귀를 이길 수 없습니다. 그러므로 매일 성경을 읽고 공부하거나 묵상 또는 암송을 할 때에 성령이 깨달음을 주시도록 기도해야 합니다.

1997년에 저는 군목 생활 중 굉장히 큰 위기를 맞이했습니다. 예배당을 지어야 하는데 지휘관이 반대한 것입니다. 마음이 몹시 힘들었지만 에베소서 1장 22절을 보며 만물 위에 있는 교회의 머리가 예수님이라는 것을 깨닫고 '지휘관보다 더 높으신 예수님이 도와주시면 장군의 마음도 움직이겠지' 하며 기다렸습니다. 그리고 그 지휘관의 마음을 하나님이 움직이셔서 그해 투 스타 장군이 지휘하는 군인 교회로는 가장 아름답고 실용적인 예배당을 봉헌할 수 있었습니다. 성령이 조명해 주신 말씀이 저를 살린 것입니다.

> "또 그의 아들 솔로몬에게 이르되 너는 강하고 담대하게 이 일을 행하라 두려워하지 말며 놀라지 말라 네가 여호와의 성전 공사의 모든 일을 마치기까지 여호와 하나님 나의 하나님이 너와 함께 계시사 네게서 떠나지 아니하시고 너를 버리지 아니하시리라"(대상 28:20).

개인의 문제도 하나님의 말씀으로 응답을 받으면 반드시 이루어집니다. 마귀는 자꾸 우리를 의심하게 하지만 우리는 하나님의 말씀을 믿음으로 승리할 것입니다.

예수님도 공생애를 앞두고 금식하실 때에 마귀의 공격을 받으셨습니다. 돌로 떡을 만들라는 시험, 성전에서 뛰어내리라는 시험, 마귀에게 절하라는 시험이었습니다. 마귀가 하나님의 말씀을 왜곡해서 예수님을 유혹했지만, 예수님은 구약의 내용을 정확하게 기억하고 인용하셔서 마귀의 공격을 이기셨습니다.

마귀를 이기는 무기는 하나님의 말씀입니다. 그것도 성령이 조명해 주시는, 즉 깨닫게 하시는 말씀입니다. 그러므로 성령의 조명하심을 사모하면서 하나님의 말씀을 늘 가까이하고 읽고 묵상하고 배우고 암송해서 그 말씀의 능력으로 날마다 승리하기를 바랍니다. 하나님이 약속하신 대로 이루어 주실 것입니다. 교회뿐 아니라 우리 한 사람 한 사람이 성령의 검을 받는 은혜를 누리기를 바랍니다.

기도하며 사는 훈련

|

일곱째, 승리를 위해서는 기도하며 사는 훈련을 해야 합니다.

"모든 기도와 간구를 하되 항상 성령 안에서 기도하고 이를 위하여 깨어 구하기를 항상 힘쓰며 여러 성도를 위하여 구하라"(엡 6:18).

'기도'와 함께 '깨어 있다'라는 말이 나옵니다. 군대 용어로 말하면 경계 근무를 잘 서는 것입니다. 보초를 잘 서야 적군의 공격에 무방비로 당하지 않습니다. 영적 전쟁도 마찬가지입니다. 깨어 있어야만 적이 오는 것을 분별하여 막을 수 있고 커다란 피해를 안 당하게 됩니다.

기도가 영적 전쟁에서 중요한 이유는 두 가지입니다. 첫째는 경계 근무를 잘하는 것이고 둘째는 하늘의 도움을 받는 것입니다. 즉 기도가 우리를 깨어 있게 하고 적의 공격을 분별할 수 있게 하는 것입니다.

제가 감동적으로 본 영화가 있습니다. 멜 깁슨(Mel Gibson)이 주인공으로 나온 〈위 워 솔저스〉(We were Soldiers)로, 월남전 실화를 바탕으로 한 영화입니다. 영화는 미 육군의 정규군과 월맹군의 최초 전투가 벌어진 1965년도 이야기를 담고 있습니다. 대대장인 할 무어 중령은 대대병력을 이끌고 헬리콥터로 작전 지역에 투입됩니다. 그리고 낯선 지역에서 72시간의 혈투가 이어집니다. 알고 보니 적군은 2,000명 규모의 연대병력이었고, 할 무어 중령의 부대는 400명 규모의 대대병력이었습니다. 무려 다섯 배나 많은 적군을 상대로 익숙하지 않은 지형에서 전투를 벌이다 보니 그들은 완전히 포위가 되어 대대본부까지 함락 직전에 놓이게 됩니다. 그러한 위기 가운데 대대장은 동서남북으로 나가 상황을 파악하고 무전병을 부릅니다. 그리고 '브로큰 애로우'(Broken Arrow, 꺾인 화살)라는 예규명(긴박한 전투 상황에서 아군 상황을 상급 부대에 알리는 단축된 용어)을 사령부에 보고하라고 합니다. '브로큰 애로우'는 사령부와 그 대대가 약속하기를 "적군이 밀려왔으니 아군 대대본부 가까이까지 공군 전폭기의 폭격을 해달라"는 뜻으로 사용하자는 용어였습니다. 사령부에서는 깜짝 놀라 공군에 화력 지원을 요청합니다. 그리고 미 공군의 전폭기가 작전 지역을 불바다로 만듭니다. 마침내 그들은 적군을 물리치고 적군의 연대본부까지 점령하는 대승리를 거두게 됩니다. 대대의 전투력으로는 적군의 연대병력을 이길 수 없었지만, 상급 부대의 화력 지원으로 이긴 것입니다.

저는 여기서 영적 전쟁도 마찬가지라는 것을 느꼈습니다. 우리의 힘만으로는 사마귀를 이길 수 없습니다. 그러나 우리의 상급 부대인 하늘의 화력 지원을 받으면 우리보다 강한 사탄, 마귀, 귀신을 능히 이길 수 있습니다. 왜냐하면 사마귀도 피조물에 불과하고 우리 하나님은 창조주이시며 전능하신 분이기 때문입니다. 따라서 그분의 도움을 받으면 언제든지 이길 수 있습니다. 그리고 하나님의 화력 지원을 요청하는 무전은 바로 기도입니다.

하나님은 그 무전을 듣고 천군 천사를 보내 우리를 도와주십니다. 그래서 우리의 능력을 넘어서 마귀를 이기는 일도 가능한 것입니다. 기도하는 사람이 하나님의 도움을 받을 수 있습니다. 그래서 마귀는 어떻게 해서든지 우리를 기도하지 못하게 하고 제한된 능력으로 싸우게 하는 것입니다.

기도의 자리와 자꾸 멀어지고 있다면 마귀의 공격을 받고 있는 것입니다. 기도가 얼마나 중요한지, 본문에는 다섯 번이나 나옵니다. 그리고 수식하는 부사도 "모든", "항상", "힘쓰며"로 참 많습니다. 그만큼 기도를 강조하는 것입니다.

사랑하는 여러분, 기도하면 마귀의 공격을 알아차릴 수 있습니다. 그리고 무엇보다 하나님의 도움으로 마귀의 공격을 이길 수 있습니다. 승리하고 싶으면 기도하십시오. 그때 하나님이 주시는 놀라운 승리가 우리의 삶 속에 나타날 것입니다. 그리고 훈련을 통하여 삶의 모든 영역에서 승리하는 하나님의 사람, 그리스도의 군사가 되기를 바랍니다.

너희는 유혹의 욕심을 따라 썩어져 가는 구습을 따르는
옛 사람을 벗어 버리고 오직 너희의 심령이 새롭게 되어
하나님을 따라 의와 진리의 거룩함으로 지으심을 받은
새 사람을 입으라

엡 4:22-24

11

성도는 예수의 이름으로 싸운다

영적 전쟁의 주적인 사탄, 마귀, 귀신의 공격 목표는 무엇일까요? 찰스 스탠리 목사는 《마음전쟁》이라는 책에서 그것을 네 가지로 요약합니다. 첫째, 하나님으로부터 멀어지게 하는 것입니다. 그래서 사탄의 공격을 받으면 자꾸 예배에 빠지고 예배를 드려도 아무런 감동을 느끼지 못하게 됩니다. 그러므로 우리는 하나님과의 교제가 친밀한지 점검해 보아야 합니다. 만약 하나님과 소원해졌다면 사탄의 공격을 받고 영성이 지금 무너지고 있는 것입니다. 둘째, 우리의 삶에 하나님의 계획이 실행되는 것을 방해합니다. 하나님이 우리를 통하여 베푸시려는 은혜와 복을 가로막는 것입니다. 셋째, 우리의 삶에 드러나야 하는 하나님의 영광을 가립니다. 넷째, 우리의 모든 삶을 파괴합니다.

이로써 우리가 영적 전쟁에서 이겨야 할 이유는 충분합니다. 하나님과 더 가깝게 교제하며 우리의 삶을 통해 하나님을 영화롭게 하고 하나님의 은혜를 누리며 우리의 인생이 파괴당하지 않기 위하여, 우리는 반드시 영적 전쟁에서 이겨야 합니다. 이것은 너무나 중요합니다.

그렇다면 사탄, 마귀, 귀신은 어떻게 우리를 공격할까요? 한마디로 '유혹'이라는 방식으로 공격합니다.

"너희는 유혹의 욕심을 따라 썩어져 가는 구습을 따르는 옛 사람을 벗어버리고"(엡 4:22).

마귀는 우리가 가지고 있는 욕심을 발판으로 우리를 유혹합니다. 우리 안에 있는 욕심이 마귀가 우리를 공격하는 상륙 작전의 교두보와 같습니다. 그래서 욕심을 제거하고 통제하면 마귀의 유혹을 이길 수 있습니다. 영적 전쟁에서 승리하는 비결은 내 안에 있는 욕심을 절제하고 지나친 욕심을 제거하는 것입니다.

유혹하는 방법

|

마귀의 유혹은 다섯 가지로 나타납니다. 말씀을 통해 구체적으로 살펴보겠습니다. 첫 번째, 방탕의 마음입니다.

> "그들이 감각 없는 자가 되어 자신을 방탕에 방임하여 모든 더러운 것을 욕심으로 행하되"(엡 4:19).

여기서 "방탕"이라는 단어는 '음란하다'라는 뜻을 가지고 있습니다. 또 본문에 나온 방탕은 성적 타락과 관련되어 있습니다. 성적인 타락의 마음이 자꾸 커지면 마귀가 그것을 교두보로 우리를 공격합니다. 배우자 외에 다른 이성은 절대로 꿈꾸지 말아야 합니다. 잠시 생각이 스쳐갈 수는 있지만 지속되면 안 됩니다. 그것이 우리를 파괴하는 마귀의 공격이기 때문입니다.

미국의 시사 주간지 〈뉴스위크〉(News week) 2008년 3월 24일 자에는 뉴욕 주 지사 엘리엇 스피처(Eliot Spitzer)에 대한 기사가 실렸습니다. 제목은 "엘리엇 스피처의 부상과 몰락"이었습니다. 그는 뛰어난 사람이었습니다. 프린스턴 대학교와 하버드 법률 대학원을 우수한 성적으로 졸업한 그는 뉴욕 주 검찰총장 시절, 월스트리트의 금융 비리를 수사하여 '월가의 보안관'으로 불릴 정도로 강력하게 부패를 척결한, 청렴한 사람이었습니다. 그러나 워싱턴 D.C.에 출장을 갔다가 불법 매춘을 한번 하게 됩니다. 그리고 그 후로는 출장 갈 일이 없어도 매춘하러 그곳에 갔고 매춘 비용을 신용카드로 결제했습니다. 그런데 9·11 사태 이후로 거액의 결제가 이루어지면 미 연방수사국(FBI)이 조사를 하게 되어 있었는데 거액이 매춘 비용으로 지출되었고 그 당사자가 엘리엇 스피처라고 알려진 것입니다. 결국 그는 도덕성에 타격을 입고 주지사를 사임하게 되었습니다. 참으로 안타깝게도 그는 앞으로 미국의 대통령이 될 가능성이 가장 높은 인물이었습니다. 오바마 대통령의 2기 선거에서 공화당의 강력한 대항마였는데 성적인 부도덕함 때문에, 다시 말하면 마음의 전쟁에서 패배하게 되면서 인생의 모든 것이 한순간에 무너져 버린 것입니다. 영적 전쟁이 이렇게 무섭습니다.

또 하나 음란물을 조심해야 합니다. 음란물에 빠져 있다는 것은 언제든지 행동으로 돌변할 수 있는 시한폭탄을 안고 있는 것입니다. 음란한 말도 조심하십시오. 그것은 우리를 굉장히 더럽힙니다.

"무릇 더러운 말은 너희 입 밖에도 내지 말고 오직 덕을 세우는 데 소용되는 대로 선한 말을 하여 듣는 자들에게 은혜를 끼치게 하라"(엡 4:29).

"음행과 온갖 더러운 것과 탐욕은 너희 중에서 그 이름조차도 부르지 말라 이는 성도에게 마땅한 바니라"(엡 5:3).

예수를 믿는 사람은 성희롱을 해서는 절대 안 됩니다. 이것은 세상의 법으로도 문제가 될 뿐만 아니라 영적 전쟁에서 패배하는 것이기 때문입니다. 찰스 스탠리는 마귀가 우리를 공격하는 것을, 암벽을 오르는 단계에 비추어 설명했습니다.

첫째, '발끝 디딤 단계'로 이제 막 발을 올려놓을 수 있는 작은 공간에 발끝을 올리고 힘을 다해 당기는 단계입니다. 약간의 떨림도 있고 설렘도 있습니다. 하나님이 허락하지 않은 이성에게 마음이 끌리는 단계로, 다윗으로 말하면 밧세바가 목욕하는 것을 보는 순간이 여기에 해당합니다.

둘째, '발판 기지 단계'로 이제 발끝만이 아니라 좀 더 넓은 발바닥을 올려놓을 수 있어 안정감이 있는 단계입니다. 이 단계를 찰스 스탠리는 "유혹에 깊이 빠져서 유혹을 실행한 단계를 의미한다"라고 설명했습니다. 다윗으로 말하면 밧세바를 불러다가 잠자리를 같이 한 것이 여기에 해당합니다.

셋째, '요새 단계'로 번역서에는 '기반 단계'라고 되어 있습니다. 이것은 이제 완전히 죄를 짓는 단계입니다. 죄가 완전히 요새화되어 우리 마음과 삶에 자리를 잡은 단계입니다. 이때는 양심이 마비되어 죄를 죄로 느끼지 않습니다. 자신을 정당화하고 합리화하는 것입니다. 그러므로 방탕과 성적 타락의 유혹 앞에 발끝도 내밀지 않는 여러분이 되기를 바랍니다.

마귀의 유혹 두 번째는, 거짓말입니다.

"그런즉 거짓을 버리고 각각 그 이웃과 더불어 참된 것을 말하라 이는 우리가 서로 지체가 됨이라"(엡 4:25).

"너희는 너희 아비 마귀에게서 났으니…이는 그가 거짓말쟁이요 거짓의 아비가 되었음이라"(요 8:44).

거짓말은 마귀를 닮아가는 것입니다. 하나님은 거짓말을 기뻐하지 않으십니다. 그러나 우리는 손해 보지 않고 자존심 상하지 않으려고 거짓말을 합니다. 하지만 영원한 거짓말은 없습니다. 나중에 더 큰 손해를 입고 더 크게 자존심이 상하게 됩니다. 그러므로 우리는 진실해야 합니다. 거짓말하려고 할 때마다 마귀의 공격을 받고 있다는 것을 분별하고 경각심을 가져야 하는 것입니다.

마귀의 유혹 세 번째는, 분노입니다.

> "분을 내어도 죄를 짓지 말며 해가 지도록 분을 품지 말고 마귀에게 틈을
> 주지 말라"(엡 4:26-27).

분을 짧게 낼 수는 있지만 폭언이나 폭력 또는 살인 등 죄를 짓는 데까지 가서는 안 됩니다. 분노를 오래 쌓아 두면 폭발할 수 있으므로 주의해야 합니다. 다른 것도 다 영적 전쟁이지만 분노는 굉장히 무서운 파괴력이 있어서 마귀에게 틈을 주는 것입니다. 심리학자들은 배고픔, 분노, 고독, 피곤 이 네 가지 때문에 사람의 마음이 딱 멈추는 순간이 있다고 합니다. 이렇게 우리의 마음을 정지시키는 것에 분노가 빠지지 않았다는 것을 꼭 기억하고 분 내는 것을 주의하기를 바랍니다.

특별히 우리나라 사람들은 화를 많이 냅니다. 그래서 미국 신경정신 의학회 정신질환 진단기준 책을 보면 '화병'이 나오는데 영어가 아니라 우리말 그대로 '화병'이라고 기록되어 있다고 합니다. 그리고 한국인에게 많은 특이한 신경질환이라고 설명되어 있다고 합니다. 그만큼 우리나라 사람들은 화가 많은 것입니다. 한 해에 분노 때문에 생기는 경제적인 손실만 9,000억 원이나 된다고 합니다.

성경에도 나오듯이 분노는 마귀에게 틈을 주는 것입니다. 가인이 최초의 살인자가 된 이유도 바로 이 분노 때문입니다. 그러므로 마음속에 분노가 일어나면 절대로 가볍게 여기지 말아야 합니다. 그때는 마귀의 공격임을 깨닫고 그 자리를 떠나서 기도하고 찬양하고 성경을 읽으면서 하나님의 인도를 받으십시오. 그렇게 하지 않으면 마귀의 공격에 무너지게 될 것입니다. 여러분 모두 성령의 은혜로 분노를 통제하는 은혜가 있기를 바랍니다.

마귀의 유혹 네 번째는, 도둑질입니다.

"도둑질하는 자는 다시 도둑질하지 말고 돌이켜 가난한 자에게 구제할 수 있도록 자기 손으로 수고하여 선한 일을 하라"(엡 4:28).

도둑질에는 돈뿐 아니라 사람이나 명예 또는 지위 같은 것도 포함됩니다. 그러므로 자신의 삶 가운데 여러 부분에서 도둑질하지는 않는지 살펴보아야 합니다. 그러면 도둑질을 이기는 방법은 무엇일까요? 말씀에서는 도둑질의 근본이 탐심이기 때문에 오히려 구제하라고 합니다. 마음속에서 무언가를 불법적인 방법으로 가지려고 한다면 그것이 바로 도둑질이고 그 마음 자체가 영적인 공격임을 기억하고 주의하기를 바랍니다.

마귀의 유혹 다섯 번째는, 비방입니다.

"너희는 모든 악독과 노함과 분냄과 떠드는 것과 비방하는 것을 모든 악

   의와 함께 버리고"(엡 4:31).

   악한 의도를 가지고 누군가를 해치기 위해 말을 지어서 소문을 내는 것은 마귀 같은 모습입니다. 그것이 마귀의 공격이라는 것을 기억하고 분별하는 은혜가 있기를 바랍니다.

영적인 공격을 이기는 방법

그렇다면 마귀의 영적인 공격을 이기는 방법은 무엇일까요? 반드시 우리에게는 사마귀의 공격을 이길 힘이 있습니다. 그 첫 번째는, 내가 누구인지 아는 것, 바로 정체성을 찾는 것입니다.

   "그러므로 내가 이것을 말하며 주 안에서 증언하노니 이제부터 너희는

   이방인이 그 마음의 허망한 것으로 행함 같이 행하지 말라"(엡 4:17).

   예수 믿는 사람은 이방인, 즉 불신자와 달라야 합니다. 똑같으면 세속화이고 다르면 성화입니다. 우리는 세속화가 아니라 성화의 길을 걸어야 하는 것입니다.

"오직 너희는 그리스도를 그같이 배우지 아니하였느니라"(엡 4:20).

우리가 예수님과 예수님의 가르침에 대하여 배운 것은 세속화가 아니고 방탕이 아니라는 것입니다. 우리는 '그리스도인'이라고 불립니다. 그 뜻이 무엇일까요?

'그리스도인'은 그리스도의 신봉자, 그리스도께 속한 자, 그리스도께 헌신하는 자를 의미합니다. 이 말은 헬라어 '크리스티아노스'(Χριστιανός)에서 나온 것으로, '누구의 종' 또는 '누구의 부하 군인'을 뜻하는 말이 붙은 것입니다. 따라서 그리스도인은 '그리스도의 부하 군인'이라는 것입니다. 그러므로 그리스도인, 영어로 'christian'은 그리스도(Christ)를 지휘관으로 모신 사람들을 의미합니다.

결국 그리스도인은 '그리스도의 종' 또는 '그리스도의 부하 군인'라는 말입니다. 우리가 그리스도인이라고 불릴 때는 그 속에 예수님을 지휘관으로 모시는 군인이라는 뜻이 있는 것입니다.

알렉산더 대왕의 부하 중에는 그와 이름이 똑같은 사람이 있었습니다. 그런데 그 사람은 술도 많이 마시고 방탕하여 군대 규율을 세우는 데 방해가 될 정도로 엉망이었습니다. 알렉산더 대왕은 그 사람 때문에 자기 이름이 욕을 먹는다고 여겨서 그의 막사로 찾아가 여전히 술을 먹고 누워서 자고 있는 그를 깨웠습니다. 알렉산더 대왕은 자신을 보고 깜짝 놀란 그에게 이렇게 말했습니다.

"내가 너의 만행을 다 들어서 알고 있다. 너한테 두 가지 선택을 주겠다. 이름을 바꾸든지 삶을 바꿔라."

그 후 그 병사는 삶을 바꾸었다고 합니다.

마찬가지로 우리도 그리스도인이라는 이름에 걸맞게 살아야 합니다. 여러분 모두 그리스도의 부하이니 그분의 뜻에 맞게 살아가기를 바랍니다.

마귀의 공격을 이기는 방법 두 번째는, 마음을 새롭게 하는 것입니다.

"오직 너희의 심령이 새롭게 되어 하나님을 따라 의와 진리의 거룩함으로 지으심을 받은 새 사람을 입으라"(엡 4:23-24).

마음에서 모든 판단과 행동이 나오기 때문에 마음, 심령을 새롭게 해야 합니다. 그리고 이렇게 마음을 새롭게 하는 것은 거룩하게 되는 것을 목표로 해야 합니다. 먹고 사는 것, 돈을 버는 것도 중요하지만 더 중요한 것은 거룩을 지키기 위한 전투입니다. 그것은 의롭게 진리를 따라 사는 것입니다. 그러므로 돈을 조금 덜 벌더라도 정의로운 방법으로 하나님의 말씀을 따라 사는 것을 택하고 이 거룩한 전쟁에서 승리자로 서기를 바랍니다.

마귀의 공격을 이기는 방법 세 번째는, 하나님을 본받는 자가 되는 것입니다. 하나님의 성품을 본받아 의롭고 진실하게 살아야 합니다. 그때 우리는 영적 전쟁에서 승리할 것입니다.

"그러므로 사랑을 받는 자녀 같이 너희는 하나님을 본받는 자가 되고… 너희가 전에는 어둠이더니 이제는 주 안에서 빛이라 빛의 자녀들처럼 행하라"(엡 5:1, 8).

사탄, 마귀, 귀신은 언제나 우리를 하나님으로부터 멀어지게 하고 하나님의 은혜와 복을 받지 못하게 하며 우리의 인생 전체를 파괴하려고 합니다. 그래서 아주 다양한 방법으로 우리를 공격합니다. 그 공격을 이겨내기 위해 우리가 그리스도의 부하라는 사실을 반드시 기억하기를 바랍니다. 아울러 마음이 늘 새로워질 수 있도록 하나님의 말씀을 매일 묵상하고 기도하며 그 말씀에 순종하며 살아가기를 바랍니다. 그리고 그 가운데 하나님을 닮아가고 실제로 마귀를 분별하고 대적하는 능력이 강화되어 날마다 영적 전쟁에서 승리하는 멋진 그리스도의 군사가 되기를 바랍니다.

하나님과 더 가깝게 교제하며 우리의 삶을 통해
하나님을 영화롭게 하고 하나님의 은혜를 누리며
우리의 인생이 파괴당하지 않기 위하여,
우리는 반드시 영적 전쟁에서 이겨야 합니다.
이것은 너무나 중요합니다.

그러므로 주 안에서 갇힌 내가 너희를 권하노니
너희가 부르심을 받은 일에 합당하게 행하여
모든 겸손과 온유로 하고
오래 참음으로 사랑 가운데서 서로 용납하고
평안의 매는 줄로 성령이 하나 되게 하신 것을 힘써 지키라

엡 4:1-3

12

하나님 나라는 패하지 않는다

앞서 천국의 교회는 승리적인 교회지만, 지상의 교회는 전투적인 교회라고 설명했습니다. 따라서 이 땅의 교회는 예수님이 재림하시는 그날까지 끊임없이 악한 영들의 공격을 받습니다. 그러므로 교회와 교회에 소속된 성도들이 진정으로 하나님을 영화롭게 하고 행복한 신앙생활을 하기 위해서는 영적 전쟁에 대해 분명히 알고 승리할 수 있는 역량을 갖추어야 합니다.

지휘권이 살아 있는 교회

그렇다면 승리하는 교회가 되기 위해서는 어떤 조건을 갖추어야 할까요? 첫째, 지휘권이 살아 있어야 합니다. '지휘권'이란 지휘관이 가지고 있는 권위로, 지휘관의 명령이 하달되고 그 임무를 완벽하게 수행하면 그 부대는 승리하게 됩니다. 지휘관인 사단장이 "돌격, 앞으로!" 했는데 예하연대나 대대가 움직이지 않는다면 그 사단은 승리할 수 없는 것입니다. 그러므로 전투적인 교회인 지상의 교회가 영적으로 승리하기 위해서는 지휘권이 살아 있어야 합니다. 그렇다면 교회의 지휘권은 누구에게 있을까요?

"또 만물을 그의 발 아래에 복종하게 하시고 그를 만물 위에 교회의 머리로 삼으셨느니라"(엡 1:22).

여기서 말하는 "그"는 '예수님'입니다. 교회의 머리가 예수님이라는 것입니다. 영적으로 승리하는 교회는 담임목사부터 어린아이에 이르기까지 교회의 지휘관 되시는 예수님의 말씀을 경청하고 그 말씀에 순종합니다. 우리는 예수 믿는 사람들, 즉 '그리스도인'으로 영어로는 'Christian'이라고 합니다. 이 말은 헬라어 '크리스티아노스'(Χριστιανός)에서 나온 것으로, '누구의 종'

또는 '누구의 부하 군인'을 뜻하는 말이 붙은 것입니다. 따라서 그리스도인은 '그리스도의 부하 군인'이라는 것입니다. 그러므로 우리는 최고의 지휘관 되신 그리스도께 순복하며 그분의 뜻을 이루어갈 때 가장 좋은 교회를 이룰 수 있습니다.

전쟁에 승리하기 위해서는 전쟁의 원칙을 지켜야 하는데 군의 야전교범에 여러 전쟁의 원칙이 나옵니다. 장교들은 이렇게 전쟁의 원칙을 외웁니다. '목간통공기집사정창….' 이것은 목표의 원칙, 간명의 원칙, 통일의 원칙, 공격의 원칙, 기습의 원칙, 집중의 원칙, 사기의 원칙, 정보의 원칙, 창의성의 원칙 등으로 저는 그중 통일의 원칙을 강조하고 싶습니다. 통일의 원칙이란 지휘 통일이 이루어져서 지휘관으로부터 말단 병사까지 하나의 뜻이 되어야 한다는 것입니다.

> "하늘에 있는 것이나 땅에 있는 것이 다 그리스도 안에서 통일되게 하려
>
> 하심이라"(엡 1:10).

이 말씀은 에베소서의 주제 구절입니다. 에베소서는 교회론을 가르치는데 놀랍게도 그 주제가 '통일'인 것입니다. 말씀대로 우리를 구원하시고 교회를 세우신 그리스도의 목적은 교회를 통하여 만물을 통일하는 것입니다. 우리를 통하여 믿지 않는

사람이 예수님을 믿으면 그 사람이 예수님의 뜻에 맞추어 살아서 예수님의 뜻에서 통일되고, 그 사람을 통하여 가정이 예수님의 뜻에 맞추어 살게 되면 그 가정 안에 예수님의 뜻에 따라 통일이 이루어진다는 것입니다. 그리고 예수님을 믿은 그 사람이 일터에서 예수님의 뜻에 맞게 빛과 소금으로 살 때 그가 속한 사회가 그리스도의 통치로 통일되는 것입니다. 더 나아가 환경, 창조 세계의 문제도 그리스도의 뜻이 그 안에 침투되고 그 뜻대로 이루어질 때 지휘 통일이 이루어졌다고 하는 것입니다.

교회의 최고의 지휘관인 예수 그리스도는 교회를 지휘하기 위하여 예하부대 지휘관을 세우십니다. 그들이 바로 각 교회의 담임목사입니다.

"너희를 인도하는 자들에게 순종하고 복종하라 그들은 너희 영혼을 위하여 경성하기를 자신들이 청산할 자인 것 같이 하느니라 그들로 하여금 즐거움으로 이것을 하게 하고 근심으로 하게 하지 말라 그렇지 않으면 너희에게 유익이 없느니라"(히 13:17).

'인도하는 자'는 헬라어 '헤게오마이'(ἡγέομαι)로, 영어로 'chief', 'governor', 'leader'라고 해석할 수 있습니다. 이 말들은 군에서 지휘관으로 많이 번역되는 단어입니다. 따라서 말씀에 나온 '인도

하는 자'는 '목회자'이지만 다른 말로 '지휘관'이라고 바꿀 수 있다는 것입니다. 영적 전쟁을 치르는 지상의 교회를 위하여 하나님이 담임목사를 지휘관으로 파송하신 것입니다.

담임목사는 목자로서 돌봄의 사명도 있지만 다른 면으로는 치열한 영적 전쟁을 분별하고 영적 부대인 교회가 승리할 수 있도록 전략을 짜며 성도들을 훈련시키는 사명도 있습니다. 그러나 안타깝게도 요즘 한국 교회는 담임목사를 영적 지휘관으로 생각하지 않습니다. 리더가 무너지면 공동체가 함께 무너진다는 생각을 하지 않고 너무나 쉽게 리더를 무너뜨리는 것입니다. 정말 통탄할 일입니다.

여러분이 전방 1사단의 부하 군인인데 사단장이 마음에 안 든다고 휴전선을 넘어 적의 지휘관에게 가지는 않을 것입니다. 아군의 문제는 아군이 해결해야 합니다. 속한 교회의 담임목사에게 마음이 상하면 우리의 최고 사령관이신 예수님께 고해야 하는 것입니다.

성경에는 영적 지도자를 군대의 지휘관으로 표현한 부분이 많이 나옵니다.

"그들이 여호수아에게 대답하여 이르되 당신이 우리에게 명령하신 것은 우리가 다 행할 것이요 당신이 우리를 보내시는 곳에는 우리가 가리이다

우리는 범사에 모세에게 순종한 것 같이 당신에게 순종하려니와 오직 당

신의 하나님 여호와께서 모세와 함께 계시던 것 같이 당신과 함께 계시

기를 원하나이다"(수 1:16-17).

말씀에서 백성은 모세에 이어 계승한 영적 지도자 여호수아에 대하여 그 명령에 따르겠다며 충성을 맹세하고 있습니다. 다만 조건이 하나 붙습니다. "오직 당신의 하나님 여호와께서 모세와 함께 계시던 것 같이 당신과 함께 계시기를 원하나이다." 문맥상 보면 이 말은 "여호수아 장군님, 우리는 당신을 따르겠으니 당신은 하나님을 따르십시오"라는 뜻입니다. 하나님의 말씀에 순종할 뿐 아니라 하나님이 세우신 영적 리더, 즉 영적 지휘관에게 순종하겠다는 것입니다.

성경에는 300명밖에 되지 않는 기드온의 정예 부대가 10만 명이 넘는 미디안 대군을 물리치는 이야기가 나옵니다. 그때 전쟁에 나아가는 기드온 부대에게는 슬로건이 있었습니다.

"세 대가 나팔을 불며 항아리를 부수고 왼손에 횃불을 들고 오른손에 나

팔을 들어 불며 외쳐 이르되 여호와와 기드온의 칼이다 하고"(삿 7:20).

'하나님을 위한 칼이다' 뒤에 '기드온을 위한 칼이다'가 이어

나옵니다. 먼저는 하나님이고 그 다음에 그분이 세우신 기드온을 인정하고 세워 주는 것입니다. 이처럼 교회는 예수 그리스도의 지휘권과 그분이 세우신 예하부대 지휘관인 담임목사의 지휘권을 세워 줄 때 더 강력해집니다.

훈련이 잘된 교회

|

승리하는 교회가 되기 위해서는 둘째, 훈련이 잘되어야 합니다.

> "그가 어떤 사람은 사도로, 어떤 사람은 선지자로, 어떤 사람은 복음 전하
> 는 자로, 어떤 사람은 목사와 교사로 삼으셨으니 이는 성도를 온전하게 하
> 여 봉사의 일을 하게 하며 그리스도의 몸을 세우려 하심이라"(엡 4:11-12).

말씀에 "목사"와 "교사"가 나옵니다. '교사'라는 단어를 분석하면 '교관'(instructor)과 '교사'(teacher)라는 뜻이 있습니다. 목사는 교회가 영적인 전쟁에 승리할 수 있도록 성도들을 훈련시키는 교관으로 파송된 것입니다. 그러므로 목사가 여러 가지 훈련을 받으라고 강권하는 것은 그 훈련을 받아야 영적 전쟁에서 이길 수 있기 때문입니다. 군에서 자주 쓰는 말로 "훈련에 땀 한 방

울, 전투에 피 한 방울"이 있습니다. 그만큼 훈련이 중요하다는 뜻으로, 훈련이 잘된 사람은 전쟁에서 자신도 살고 동료도 살릴 수 있다는 것입니다. 그러므로 영적인 훈련을 받는 일에 최선을 다하는 교회가 되기를 바랍니다.

사기가 높은 교회

|

승리하는 교회가 되기 위해서는 셋째, 사기가 높아야 합니다. 전쟁의 원칙 중에도 사기의 원칙이 있습니다. 우리는 사기가 높을 수밖에 없습니다. 우리의 지휘관이 대단히 높은 분이기 때문입니다.

> "또 만물을 그의 발 아래에 복종하게 하시고 그를 만물 위에 교회의 머리
>
> 로 삼으셨느니라"(엡 1:22).

예수님은 만물 위에 계셔서 만물을 통치하시는 분입니다. 군에서 어떤 모임이나 회의가 있을 때 보면 각 연대장들을 모시고 온 운전병들이 서로 이야기를 나누다가도 사단장님 운전병이 나타나면 확 조용해집니다. 왜냐하면 모시고 있는 분이 다르기 때문입니다. 그런데 우리가 모시는 예수님은 이 땅의 지휘관보

다 높은 최고의 지휘관이십니다. 그러므로 여러분 모두 마음속 사기가 높아지기를 바랍니다.

월남전 때 가장 용맹스러웠던 부대는 재구대대입니다. 맹호부대의 한 대대가 월남 파병을 앞두고 수류탄 투척 훈련을 하다가 병사 하나가 수류탄을 놓쳐서 그것을 땅에 떨어뜨렸습니다. 그 순간 수많은 부대원이 죽을 수 있다는 것을 안 중대장 강재구 대위는 온몸으로 수류탄을 덮어서 부하들의 목숨을 건졌습니다. 그의 희생을 기리는 강재구 기념관에 가 보니, 수류탄의 파편이 얼마나 대단한지 두꺼운 전투화와 전투복을 갈기갈기 찢어 버릴 정도였습니다. 심지어 철제 계급장도 찌그러져 있었습니다. 그가 속했던 이 대대는 그들을 사랑해서 목숨을 던진 지휘관을 생각하며 더 열심히 싸웠고, 결국 월남에서 가장 많은 전과를 올리며 가장 용맹을 떨치는 부대가 되었습니다.

우리의 지휘관이신 예수님도 우리를 위하여 목숨을 주셨습니다. 그러므로 우리도 그 사랑에 보답하기 위해 영적 전쟁에 마음을 다해 임하여 기필코 승리해야 합니다. 우리를 향한 예수님의 사랑과 희생을 기억하며 드높은 사기로 승리하기를 바랍니다. 십자가 사랑의 깊은 은혜를 아는 사람, 만물 위에 있는 그리스도의 통치와 지휘를 받는 영적 군대라는 자부심을 가진 교회는 영적 전쟁에서 반드시 승리할 것입니다.

단결하는 교회

|

승리하는 교회가 되기 위해서는 넷째, 단결해야 합니다. 군에 있을 때 보면 단결되어 군기와 사기가 높은 부대가 있는가 하면 그렇지 않은 부대가 있었습니다. 그것은 전투에 임하면 분명하게 드러나는데 단결되지 않은 부대는 다 흩어지고 패배하는 것입니다. 마찬가지로 교회도 단결이 중요합니다.

> "그러므로 주 안에서 갇힌 내가 너희를 권하노니 너희가 부르심을 받은 일에 합당하게 행하여 모든 겸손과 온유로 하고 오래 참음으로 사랑 가운데서 서로 용납하고 평안의 매는 줄로 성령이 하나 되게 하신 것을 힘써 지키라"(엡 4:1-3).

말씀에 나온 '하나 되게 하신 것을 힘써 지키는 것'을 한 마디로 '단결'이라고 합니다. 단결된 군대는 승리합니다. 육군에서 가장 강력한 부대는 특수전사령부, 즉 특전사입니다. 그들의 경례 구호가 '단결'입니다. 강력한 전투력은 단결에서 나오기에 경례 구호도 단결로 정한 것입니다. 단결되지 않고 아군끼리 싸우는 군대는 망할 수밖에 없습니다. 우리는 모두 아군, 영원한 아군입니다. 그래서 서로 사랑하고 용납해야 합니다. 절대로 우리 안에서 서로 비방하거나 미워해서는 안 됩니다.

1967년 6월 5일 아침, 이집트 군의 아침 식사 시간에 이스라엘 군의 공습이 있었습니다. 시나이 반도와 카이로의 이집트 공군기지를 폭격했고 동시에 시리아와 요르단과 이라크 기지를 폭격했습니다. 이 소식을 접하고 전 세계가 세 가지에 놀랐습니다. 첫째, 아랍의 레이더망에 걸리지 않은 것입니다. 공군기들이 해수면에 거의 닿을 듯 말 듯한 낮은 고도로 침투한 것을 의미합니다. 잘못되면 해수면에 닿거나 비행기의 양력이 떨어져 추락하는데도 그 위험을 무릅쓰고 저고도 비행을 해서 레이더망에 걸리지 않은 것입니다. 둘째, 아랍권의 전투기들이 이륙하기 전에 60%를 전부 파괴시킨 것입니다. 그리고 셋째, 아랍권의 비행장에 전투기와 똑같이 생긴 모형을 놓아서 이스라엘 군대를 속였는데, 그 속임수에 속지 않고 실제 비행기만 다 파괴한 것입니다.

결국 모든 무기의 화력이 두 배가 넘는 아랍은 6일 만에 두 손을 들었습니다. 이것이 바로 유명한 '6일 전쟁'입니다. 이스라엘 공군은 수적인 열세를 극복하기 위해 출격 횟수를 늘렸습니다. 그래서 하루에 적게는 다섯 번, 많게는 아홉 번 출격했습니다. 월남전에서 미 공군의 평균 출격이 하루 두 번이었던 것에 비하면 이것은 정말 대단한 일입니다. 이스라엘은 전투기가 착륙하면 10분 안에 연료를 채우고 무장해서 다시 이륙시켰습니다. 그래서 전투기의 수적인 열세를 극복한 것입니다. 다른 모든 것도 이런 원리로 임했습니다. 적은 수지만 똘똘 뭉친 것입니다.

이스라엘 국회는 평상시에는 여야가 있지만 전투 상황이 되면 여야가 없습니다. 사방이 다 아랍이고 그나마 남아 있는 한 면이 바다이기 때문에 전투 상황은 그들에게 정말 '사느냐 죽느냐'의 문제인 것입니다. 그래서 그때는 하나로 똘똘 뭉칩니다. 그들은 이렇게 말합니다. "우리는 780만 명의 국민과 780만 명의 군인이 있습니다." 전 국민이 군인이라는 자세로 3억 5천만 명이 넘는 아랍 세계에 맞설 수 있었던 것입니다. 우리나라와 우리 교회에도 이런 놀라운 단결이 있기를 바랍니다.

스위스는 2차 대전 중에 독일 군의 침공을 받지 않았습니다. 스위스가 산악지대인 것도 큰 문제였지만 또 다른 이유가 있었습니다. 스위스는 평상시 상비군이 연대 하나밖에 없어서 그 수가 2,000-3,000명 정도밖에 안 되지만, 전쟁이 나면 48시간 내 동원될 수 있는 민병대가 63만 5,000명이라서 함부로 못 덤빈 것입니다. 그 힘은 바로 단결입니다.

우리는 언제나 교회를 향한 공격에 대비해야 합니다. 그것을 위해 예수 그리스도를 최고의 지휘관으로 모시고 예하 지휘관인 담임목사의 지휘권을 존중하며 훈련을 잘 받아 사기가 충만하고 단결된 모습으로 영적 전쟁에 임해야 합니다. 그래서 언제나 승리하며 주님 오시는 그날까지 쓰임 받는 교회가 되기를 바랍니다.

십자가 사랑의 깊은 은혜를 아는 사람,
만물 위에 있는 그리스도의 통치와 지휘를 받는
영적 군대라는 자부심을 가진 교회는
영적 전쟁에서 반드시 승리할 것입니다.